tudo que meu coração grita
desde o dia em que você (o) partiu

tudo que meu coração GRITA

Desde o dia em que você (o) partiu

Gabriela Freitas

9ª Reimpressão

Tudo que meu coração grita desde o dia em que você (o) partiu © Gabriela Freitas, 08/2020
Edição © Crivo Editorial, 08/2020
Edição e Revisão: Amanda Bruno de Mello
Coedição: Samantha Silvany
Capa: Samantha Silvany e Gabriela Freitas
Diagramação: Jaison Jadson Franklin
Direção de Arte: Haley Caldas
Coordenação Editorial: Lucas Maroca de Castro

Dados Internacionais de Catalogação na Publicação (CIP) de acordo com ISBD

••

F866t   Freitas, Gabriela

Tudo que meu coração grita desde o dia em que você (o) partiu / Gabriela Freitas. - Belo Horizonte, MG : Crivo Editorial, 2020.

208 p. ; 14cm x 21cm.

ISBN: 978-65-991776-0-6

1. Autoconhecimento. 2. Amor-próprio. 3. Autoestima. 4. Relacionamentos. I. Título.

2020-1516

CDD 158.1
CDU 159.947

••

Elaborado por Vagner Rodolfo da Silva - CRB-8/9410

Índice para catálogo sistemático:
1.   Autoconhecimento 158.1
2.   Autoconhecimento 159.947

Crivo Editorial
Rua Fernandes Tourinho, 602, sala 502
30.112-000 - Funcionários - Belo Horizonte - MG

www.crivoeditorial.com.br
contato@crivoeditorial.com.br
facebook.com/crivoeditorial
instagram.com/crivoeditorial
crivo-editorial.lojaintegrada.com.br

Pra todas as pessoas que um dia já tiveram que reconstruir seu coração partido.
E entenderam que nós nascemos pra sermos inteiros, jamais metades de alguém.

Gabriela Freitas

INÍCIO DO FIM

Tropecei em
pedaços
seus
quando saí
da cama.
Um chinelo,
uma camiseta,
um maço de cigarro
vazio.
não consegui entender
por que tudo estava
tão
bagunçado.
eu acho que
são resquícios
do fim
do (meu)
mundo.

Gabriela Freitas

O vazio do quarto ecoa os gritos de despedida que você não deu quando saiu no meio da noite pra não me acordar. Eu amei você. Amei os planos que a gente fez e os filhos que a gente imaginou e a casa na praia que a gente ia comprar. Eu amei você. Pra caralho. Amei cada história que você me contou e cada sonho que dividiu comigo e aqueles seus medos sem sentido que nos obrigavam a dormir com a luz acesa. Agora está escuro. E dói.

Eu te dei minha alma e você escolheu foder comigo.
[e nem foi do jeito bom]

Gabriela Freitas

Você me beijou devagar
e eu senti uma lágrima cair em mim,
mas eu continuei ali,
fingindo que era só mais um desses pesadelos
que me fazem acordar desesperada,
só que, dessa vez, não!

Dessa vez era real.

Dessa vez você estava indo embora de verdade.

Hoje, quando o meu despertador tocou, reparei que a casa não carregava o aroma do seu café, que o meu armário estava com mais espaço do que o normal e o seu livro de cabeceira não estava mais na nossa cabeceira. Nem o seu relógio. Nem aquele enfeite idiota do seu time que você comprou na nossa primeira viagem juntos e que não combinava nada com a minha decoração.

Eu sabia, mesmo sem saber.

Escutei o barulho do seu ajuntar de coisas nascendo junto com o sol, mas não quis abrir os olhos. Te ver partir tornaria sua partida ainda mais real. Preferi evitar. Achei que assim eu conseguiria me enganar e prolongar um pouco mais o nosso fim.

Mas foi inútil.
Nada mais está igual.
Nada nunca mais será igual.

E isso dói. Isso, a casa sem cheiro, o espaço extra para as minhas roupas, a cabeceira vazia e tudo o que você levou de mim.

Acordar essa manhã foi pior do que morrer.

E você nem me deu adeus.

Gabriela Freitas

> Você partiu
> e esqueceu de me
> mostrar onde foi que
> você deixou o coração
> que eu te dei
> – ele ainda está com
> você, não está?
>
> @falabibiela

Não sei dizer
qual é a parte
do meu corpo
que dói mais
acho que são
todas aquelas
em que a sua boca
passeou
por último.

Gabriela Freitas

> *Você devia ter me contado
> que não tinha intenção de ficar
> antes de me deixar te chamar de lar.*

Tem dias em que tudo que eu queria é que você ainda estivesse aqui. Eu sei que não é saudável sentir isso, mas é que hoje eu passei na mercearia do Seu Zé e comprei aquele vinho de 20 reais que nós tomávamos juntos sempre que a semana passava pesada demais. É, moreno, essa foi foda! Parece que durou um ano. Ou mais. E você não estava aqui pra me abraçar de conchinha e dizer baixinho no meu ouvido que tudo ainda ia valer a pena. Que o meu chefe chato, o emprego puxado, os trabalhos da pós, o ônibus lotado e até o pouco tempo pra dormir ainda vão virar piada quando a gente estiver na nossa casa, de frente pro mar, tomando café amargo e ouvindo as crianças brincarem no quintal. Esse futuro não é mais meu. E hoje eu bebo sozinha pra tentar aliviar um pouco da angústia desses dias tão terríveis, mas tudo que eu consigo é sentir ainda mais falta da sua voz. Do seu cheiro. Do seu gosto.

Ah, moreno... Como eu queria poder desabafar com você sobre o relatório quilométrico que eu precisei escrever até as oito da noite e sobre a matéria em que eu acho que vou bombar. Queria poder te contar que o meu ônibus quebrou no meio do caminho e que eu cheguei atrasada na reunião, e cê sabe como eles são com atrasos, né?! E que tudo isso seria besteira se você ainda estivesse aqui. Mas não! Você não estava aqui pra cozinhar a minha macarronada favorita ao som de Tom Odell e fazer tudo ficar um pouco mais leve. Nem pra dançar comigo pela cozinha enquanto a gente esbarra na mesa e nos armários e brinca que o nosso amor é grande demais pra esse apartamento pequeno. Ele não era. Nunca foi! Se fosse, você ainda estaria aqui. Se fosse, os planos que fizemos não teriam morrido junto com a sua partida. Junto com um pedaço de mim. O pedaço que eu era quando você existia. Se fosse, você não teria ido quando eu te pedi pra, pelo amor de Deus, não fazer isso com a gente, não fazer isso comigo. Se fosse, a rotina ainda não seria tão insuportável e enlouquecedora.

Apesar de tudo de ruim e estressante que aconteceu nos últimos dias, sei que hoje eu estaria te esperando no tapete da sala pra gente jantar e beber e amar, e esquecer que existe problema do lado de fora desses 45 metros quadrados. Você era a minha paz.

O meu calmante.

A minha certeza de que as coisas iam melhorar.

E agora você é só mais um desses tantos motivos que têm tornado tudo mais difícil.

Gabriela Freitas

> Me enganei acreditando que você fosse aquele que fica quando todo o resto vai
>
> *[no fim, você também foi]*
>
> @falabibiela

*Eu trocaria tudo
por nós.
[será que o meu erro sempre foi esse?]*

Na primeira vez em que entramos neste apartamento, você apertou a minha mão direita e disse: é aqui que eu quero começar a escrever a vida com você, porque eu consigo ver a gente em todos os cômodos desse lugar. Eu não tinha muita certeza se essa era a coisa certa, você sempre foi de se jogar mais do que eu. O aluguel era pesado para o nosso bolso, eu tinha acabado de me formar e o seu trampo ainda era meio incerto. Além do mais, ele era muito pequeno. Mas eu também conseguia nos ver aqui.

Vagamos por mais alguns imóveis antigos de São Paulo, mas nenhum nos fez sentir tanto aquela sensação de pertencimento quanto esse lugar tinha feito. Fizemos e refizemos as contas até elas fecharem. E em um mês viemos pra cá. Na nossa primeira noite, não tínhamos gás instalado, o chuveiro ainda estava gelado e metade das nossas coisas perdidas em caixas pela casa. Você estendeu o tapete na sala – o mesmo que ainda está lá, pedimos uma pizza na pizzaria que pouco depois se tornou a nossa favorita e abrimos um vinho. O nosso vinho de sempre.

Era um sábado, ficamos acordados até as três da manhã e tentávamos falar baixo para os vizinhos não reclamarem, tínhamos acabado de chegar ali, mas o álcool já tinha subido e eu não tenho certeza se as nossas risadas não estavam realmente altas. Essa cena eu queria congelar pra reviver todos os dias em que viver não faz muito sentido. Você sentado, sem camisa, já bebendo cerveja, eu com a cabeça deitada nas suas coxas, meio embriagada do vinho, e a gente fazendo um milhão de planos pra tudo que ainda tínhamos pra viver.

Era só o começo.

Tudo ainda era chama dentro de nós.

Eu queria que alguém tivesse me contado, ali, naquele dia, enquanto estávamos naquele tapete, que em algum momento você estragaria todas aquelas lembranças. Que a Valentina não ia existir, nem o Benício, nem nada daquilo que estávamos sonhando acordados. Talvez, se eu soubesse, teria caído fora antes, enquanto ainda havia tempo de não doer tanto como dói agora.

(mas será que realmente houve esse tempo?).

Gabriela Freitas

> **Eu acho que o que eu vi em você foi amor**
>
> *@falabibiela*

Gabriela Freitas

Você sempre me questionou sobre o que foi que vi em você quando a gente se conheceu e eu nunca soube muito bem como te responder, porque eu acho que também nunca consegui entender direito o que era aquilo que fez o mundo inteiro parar por alguns segundos e todo o resto perder a cor, a forma, a graça. Eu nunca soube dizer que era algo além dos seus olhos castanhos, do jeito como cê deixava o cigarro pendurado no canto da boca, da sua risada muda e dessa sua mania de falar tudo sem dizer absolutamente nada. Eu nunca soube dizer o que era aquilo que congelou cada molécula, cada célula, cada artéria, cada órgão do meu corpo. E que me fez sentir mais viva e mais forte e mais completa. Mas eu sabia que era algo muito mais intenso e muito mais humano e muito mais irracional do que qualquer outra coisa que eu já havia sentido antes.

Eu acho que foi amor o que eu vi.

Gabriela Freitas

*O que você
viu em mim
e quando foi
que deixou
de ver?*

@falabibiela

Gabriela Freitas

No primeiro dia em que eu te vi
antes mesmo de saber seu nome
antes mesmo de ouvir sua voz
antes mesmo de sentir seu cheiro
já tive tanta certeza
que eu te olhei e sorri
você me olhou e sorriu
e eu não consegui não dizer:
acho que você é o amor da minha vida
você riu, tomou um gole de cerveja
e respondeu
espero que eu seja.

Gabriela Freitas

Você olhou no fundo dos meus olhos
com aqueles seus olhos castanhos
que eu achava a coisa mais linda do mundo
e disse que eu tinha mudado a sua vida
pra melhor
*então por que foi que você destruiu
a minha?*

Eu tenho a sensação de que
eu nunca mais vou ser
completamente e
verdadeiramente
inteira
depois de
passar por
você.

Gabriela Freitas

Você chegou
sem pedir licença
invadiu cada poro
do meu corpo
cada fresta
da minha alma
e foi embora
da mesma
maneira

& eu

continuo parada
no último abraço
que você me deu
mas seus braços
já não estão
mais aqui.

Gabriela Freitas

> **Nós não fomos tão grandes assim, moreno. Dava pra ter sido muito mais**
>
> @falabibiela

Gabriela Freitas

> *Na noite em que você partiu, eu virei para o lado e você disse*
> *que ainda era cedo demais pra gente dormir*
> *que queria contar as estrelas como a gente fazia*
> *nos dias que não queríamos que tivessem fim.*

> *[esse foi seu jeito de se despedir?]*

Agora há pouco tocou aquela música que você amava do Kodaline, acho que se chamava "One day", e foi inevitável lembrar da gente dançando na varanda daquele hotel em que ficamos hospedados na nossa primeira viagem juntos. Já passava da uma hora da manhã e cê disse que precisava me mostrar a melhor música do mundo, mas que só faria isso se eu dançasse com você.
E alguma vez eu te recusei uma dança? Respondi.

Você sorriu, ligou o celular e me puxou pra perto do seu corpo. Eu ainda consigo sentir o vento tocando na nossa pele e o barulho da natureza no fundo e o meu coração batendo a mais de cem. Eu ainda consigo te ver fechar os olhos no refrão e me erguer no seu colo enquanto eu solto os braços e você me faz rodar, rodar, rodar. Naquela noite, enquanto nossos pés descalços brincavam naquele tablado de madeira, eu acreditei que nós dois éramos indestrutíveis.

Quando a música acabou, nós nos sentamos ali no chão, você segurou uma das minhas mãos, apertou com força e disse, olhando dentro dos meus olhos, que aquele era o começo de algo muito bom, que ainda seria muito grande, e eu, que já achava que éramos imensos, concordei. Era o nosso começo. E eu não queria perder um segundo daquilo! Deitei a cabeça no seu ombro, você encostou a sua na minha e sugeriu que a gente contasse as estrelas. Foi a nossa maneira de não deixar aquele dia terminar, de conseguir tornar aquele encanto eterno.

Depois da nossa última briga, enquanto eu virava para o lado e apagava o meu abajur com raiva, você sussurrou:

Eu quero contar as estrelas essa noite.

Mas eu não quis.

E quando eu abri os olhos na manhã seguinte, percebi que o encanto já não estava mais aqui.

Nós não fomos tão grandes assim, moreno. Dava pra termos sido muito mais.

Gabriela Freitas

> Eu queria saber
> se você também acorda
> no meio da noite
> gritando meu nome
> procurando minha mão
> e chora ao lembrar
> que eu não estou mais aí.

Gabriela Freitas

Espero que você saiba
que um dia eu vou conseguir
consertar todos os meus pedaços
que ficaram espalhados pela casa
depois que você (os) partiu
e então depois desse dia
nenhum deles será mais
sobre você.

Gabriela Freitas

Encontrei meu lar
nos seus braços
enquanto deitava a cabeça
no seu peito
e agora eu me sinto tão
d e s a b r i g a d a.

*Estou presa às memórias
de tudo aquilo que poderíamos ser
se você não fosse.*

Você nunca acreditou muito nesse papo de outras vidas, mas eu sempre tive certeza de que a gente não era dessa.

Você ria das minhas teorias sobre como nossas almas já estavam presas uma à outra antes mesmo de habitarmos o ventre de nossas mães, mas dizia que também não sabia como é que eu conseguia fazer com que você fizesse tantas coisas que cê nunca antes tinha sentido vontade de fazer.

Como abandonar a armadura. Falar sobre os próprios sentimentos. Alugar um apartamento. Planejar o futuro. Chorar de saudade. Comer comida grega. Viajar pra praia só pra ver o sol nascer e depois voltar molhado do mar. E de amar.

Cê dizia que nunca foi bom em se entregar facilmente, mas que se arremessou em mim sem pensar nas consequências.

Eu sempre fiz mais o tipo de pessoa que sente nos extremos. Minha intensidade não permite que eu faça nada em equilíbrio. É minha lua em câncer. É meu ascendente em escorpião. É minha vênus em áries. Mas eu nunca tinha visto tanto sentido em sentir tanto antes de te conhecer.

Não era só pele, mas também era. Não era só corpo, mas também era. Não era só alma, mas também era. Era algo além de tudo. E com tudo.

Talvez o que mais ninguém nunca consiga entender seja exatamente essa conexão que havia em nós. Talvez seja exatamente por tê-la compreendido tão bem que eu sei o estrago que te perder me causou.

E um dia você vai saber também.

Gabriela Freitas

> O melhor e o pior de tudo que eu vivi carregam seu nome
>
> @falabibiela

Eu li uma vez uma teoria que afirmava que a gente só tem um grande amor durante toda a vida. Na época, aquilo me pareceu uma boa ideia. É que você estava ali, pertinho, jogado no sofá da nossa sala assistindo ao segundo tempo do jogo do seu time enquanto eu terminava de fazer o nosso brigadeiro com rum e lia algumas postagens no Facebook.

Agora, vendo esse sofá vazio e o meu estômago sem um mínimo de espaço pra nada que não seja a dor da sua ausência, eu sinto medo. Medo de nunca mais sentir meus pés saírem do chão. Medo de esquecer como é perder a fala só de olhar pra alguém. Medo de nunca mais vivenciar meu corpo todo tremer como se eu estivesse desfilando de biquíni no meio do inverno. Medo de nunca mais voltar pra casa, deitar na cama e sorrir sozinha olhando para o nada. Medo de a minha barriga nunca mais se revirar com borboletas.

Eu sinto medo de não conseguir nunca mais ver em alguém a beleza que eu via em você mesmo quando cê estava horrível. Medo de não querer dividir meus medos, contar meus sonhos esquisitos, desabafar sobre os problemas. Eu sinto medo de que os próximos estejam sempre muito longe de chegarem perto de ser o que você foi. É que, depois que a gente tem tudo, qualquer coisa menor fica muito sem graça. E eu tenho medo de passar o resto da vida olhando pra esse sofá e tentando entender por que é que você não está mais aqui enquanto eu não faço a menor ideia de como sair daqui.

Eu espero descobrir que aquilo era mentira, que aquela matéria não tinha nenhuma base científica, porque assim eu vou saber que você não era o único e que ainda dá para ser feliz de novo.

*Sinto falta de quando
o único barulho
que havia em casa
era dos nossos pés
dançando
pelo assoalho
da cozinha.*

Eu tenho todas
as suas digitais
tatuadas no meu corpo
como faço pra elas saírem de mim?

Gabriela Freitas

Você ainda se lembra do
som da minha risada
cada vez que pensa
"ela acharia a maior graça disso"?

*eu não consigo esquecer
o barulho da sua.*

Gabriela Freitas

Onde é que você está
que não está aqui
mas continua
morando
em mim?

Gabriela Freitas

> *Bebi demais
> pra conseguir lembrar
> que eu tinha prometido
> que ia te esquecer.*

Preciso te esquecer, eu sei! Todo mundo já me disse isso. Já decorei o discurso das minhas amigas e dos seus amigos e da minha mãe, que anda preocupada com o rumo da minha vida. Mas é que só faz vinte e três dias que você partiu, a casa ainda tem seu cheiro, eu ainda uso a camiseta que você esqueceu aqui como pijama e de vez em quando coloco sua xícara na mesa. Às vezes passo na frente de alguma loja e penso "vou levar, ele vai amar isso!", mas você não está mais aqui. Então eu choro. É difícil se adaptar ao fim.

Não vou fingir que está tudo bem quando, na verdade, eu procuro por você em cada esquina por onde passo, moreno, como se o universo pudesse ouvir minhas preces e te colocar de novo no mesmo caminho que eu só pra nos esbarrarmos e lembrarmos de como é bom estar juntos. Não vou ignorar a vontade que tenho de ouvir sua voz. Tá bom que eu não deveria mais te procurar, mas é que ontem eu bebi demais e tocou a nossa música enquanto eu cozinhava só pra mim e eu precisava te falar que estava fazendo o seu prato favorito e que tinha o nosso vinho e que ainda dava pra esperar você chegar antes de pôr a mesa. Mas você não atendeu. De novo. Você tem medo de ouvir a minha voz ou só não quer brigar?

Cê também não respondeu a nenhuma das minhas mensagens. Nem àquela em que eu te chamei de idiota, nem àquela em que eu te pedi, pelo amor de Deus, pra voltar pra casa, nem àquela em que eu contei que você deixou pra trás alguns dos seus discos preferidos. Isso foi pra me torturar ainda mais com a saudade que sinto de nós ou você realmente se esqueceu de colocá-los na mala? Minhas perguntas continuam sem nenhuma resposta. E eu me recuso a te esquecer antes de entender quando foi que tudo começou a se perder e quando foi que eu me mudei de você. Eu me recuso a te esquecer sem ouvir você dizer que foi embora e que não restou amor.

E que se dane quando falam que isso não muda nada e que eu tenho que colocar um ponto final e aceitar a sua escolha. Isso muda pra mim! Muda a forma como eu enxergo tudo a meu redor. Muda a saudade que eu estou sentindo. Muda o meu medo de a gente nunca ter sido pra você o que foi pra mim.

Gabriela Freitas

> **Tem histórias que acabam mas não terminam nunca**
>
> @falabibiela

Gabriela Freitas

> *O triste é que
> você poderia ter escolhido ser
> qualquer coisa,
> mas escolheu ser despedida.*

Se alguém me perguntasse quando foi que chegamos ao fim, eu não saberia o que responder. Acho que ainda estou naquela fase em que a gente precisa lutar muito pra entender o que foi que aconteceu.

Eu me lembro das nossas brigas intermináveis, é claro! E de todos os bate-bocas bestas que a gente colecionou porque, no fundo, nós nunca fomos muito parecidos. Você tinha tudo o que eu não queria em alguém e eu era tudo o que você nunca tinha procurado, mas isso não parecia ser um grande problema pra nós. Ou fui eu que não quis enxergar a verdade? Sei lá, tudo ainda soa tão confuso.

É que, moreno... Mesmo nas nossas piores crises, mesmo quando eu batia a porta do quarto, mesmo quando você cozinhava com raiva, mesmo quando a gente passava um pelo outro e se evitava, de birra, feito duas crianças mimadas, mesmo quando o céu se fechava e dentro de casa se instalava uma nuvem cinza, mesmo nesses dias, a gente se amava. E se amava tanto que acabava rindo sem saber direito como aquilo tinha começado. Era como se nada de ruim fosse o bastante pra destruir a gente. Foi nisso que eu acreditei até te ver recolhendo as suas coisas do armário e jogando dentro de uma mala velha.

Eu não senti quando você começou a se afastar. Eu não me dei conta quando seus beijos deixaram de ser intensos e verdadeiros. E nem quando a sua mão parou de buscar a minha. Quer dizer, ela parou? Ela realmente parou? Porque pra mim, nada tinha mudado. Você continuava comprando as minhas flores preferidas, colocando a nossa playlist pra tocar todo dia na hora da janta e me pedindo pra usar aquele baby doll que cê amava. E a gente continuava se amando em todo canto. O tempo todo.

Nos nossos últimos dias, você não me deu nenhum sinal de que a gente iria se despedir. De que pretendia ir embora. Pelo contrário! Cê continuou fazendo o café de manhã antes de sair pra correr e não me fez parar com aqueles bilhetinhos de bom dia que eu te deixava antes de ir para o trabalho. A compra do mês estava feita, a viagem das férias paga e em minuto nenhum você titubeou enquanto a gente falava sobre o nosso futuro. Talvez por isso eu tenha tanta dificuldade em explicar o que foi que aconteceu na nossa história.

Cê nem me deu chance de te questionar, de tentar entender. Cê nem me deixou perguntar: quando foi que as coisas mudaram pra você? Quando foi que você se deu conta de que já não queria mais morar em mim? E por que você não me contou? Por que você deixou que eu acreditasse que tudo ainda estava no lugar sendo que, em breve, faltaria você? Por que você não cortou o laço em vez de puxar ainda mais pra ele virar nó?

Não sei o que você queria, não sei qual era a sua intenção, mas agora tá ainda mais difícil desatar você de mim.

Gabriela Freitas

Desaprendi a ler poesia. A cada verso que meus olhos engolem, uma enxurrada escorre pela minha face. Não faz sentido ler Camões quando o fogo do amor arde e você vê. Quando a ferida dói sem que nada possa estancá-la. Não faz sentido ler Camões se todas as estrofes falam de algo que eu não consigo mais entender. Minha capacidade cognitiva está prejudicada desde que você disse que me queria, mas mudou de ideia segundos depois sem ao menos me dizer adeus. Não faz sentido ler coisa alguma quando as métricas soam exatas demais pra inexatidão em que eu me transformei. Não faz sentido ler e procurar na dor dos outros o que eu não consigo achar nem na minha.

Você não pensou em quantas rimas sufocaria na minha alma quando escreveu a merda de um texto pra dizer que eu não era mais boa o bastante pra fazer você ficar.

Gabriela Freitas

> **Responsabilidade afetiva não é sobre não ir, é sobre não mentir que quer ficar**
>
> @falabibiela

Gabriela Freitas

Tenho certeza de que eu fiz de tudo
como é que mesmo assim
não fui suficiente
pra você ficar?

Ainda hoje eu pensei:
ele volta,
não volta?
[quando é que eu vou parar de te esperar?]

Gabriela Freitas

*Que loucura é essa que faz
a gente continuar chamando de amor
uma história que já acabou?*

Não consigo dormir. De novo. Faz duas noites que tenho insônia e descanso somente o necessário pra não enlouquecer, apesar de, às vezes, ter a impressão de que já enlouqueci.

São duas horas da manhã, daqui a cinco eu preciso me levantar para trabalhar, mas quando me deito na cama não consigo afastar a falta que eu estou sentindo de você. É que o seu cheiro ainda tá lá, impregnado em todas as fronhas e os lençóis do armário. É que tudo ali parece grande demais agora. E frio. E triste. É que não tem ninguém pra reclamar da minha mania de dormir com edredom mesmo no calor. É que olhar aquelas paredes que pintamos juntos quando parecia que nada nunca poderia estragar o nosso amor e depois encarar aquele espaço vazio ao meu lado me mata um pouco. E a sua partida já me matou demais.

Escuto o tiquetaquear do relógio que a sua mãe nos deu quando alugamos o apartamento enquanto perambulo pela casa sem saber ao certo o que estou procurando, eu sei que não vou te encontrar por aqui, mas continuo zanzando de um lado para o outro na esperança de os nossos corpos se esbarrem. Quando é que isso vai passar? Quando é que eu vou conseguir me sentar de novo nesse sofá sem esperar suas mãos quentes tocarem as minhas pernas? Quando é que eu vou parar de cruzar com as nossas lembranças em cada um desses cômodos em que eu entro?

Tem um pouco de você em tudo o que eu faço aqui dentro e talvez eu esteja usando isso como desculpa pra não te deixar ir definitivamente, porque isso significaria que não tem mais volta. Não que tenha, eu sei bem que

@falabibiela

a sua escolha de ir foi séria, você sempre soube exatamente o que queria e nunca foi de voltar atrás, mesmo quando se arrependia. Mas é reconfortante poder me enganar com a ideia de que, se tudo permanecer igual, você ainda pode passar por aqui. E pedir pra ficar. Então, eu não me importo de continuar perdendo meu sono por causa disso.

Eu acho que nunca vou ser capaz
de entender como eu posso
amar você mesmo depois
de ter sido tão destruída
pelo seu amor.

*Como foi sair de mim
sem dizer que estava indo?*

Vago pela casa assustada com o tamanho que ela ganhou depois que você foi embora, os cômodos parecem grandes demais para o vazio que se mudou pra dentro do meu peito. As paredes úmidas e frias sangram a sua falta e me coagem a me encolher num canto qualquer, agarrada às pernas que você não toca mais com as suas mãos quentes e grossas enquanto eu arranco sua camiseta bordô que cê insistia em dizer que era marrom. Ela ficou pra trás junto com todas as coisas que a gente planejava fazer e que você abandonou por não servirem mais. Faz semanas que ela, mesmo tão surrada, me serve de pijama e acalenta a minha alma com o seu cheiro, que vez ou outra me faz acordar achando que você voltou. Mas eu ainda estou sozinha e dói, dói, dói, até que eu adormeço com as lembranças de um futuro que nós nunca mais teremos a chance de viver.

*Você poderia ter deixado
ao menos um bilhete
de despedida.*

Gabriela Freitas

Queria conseguir dizer que está tudo bem,
que eu olho pra trás e penso na gente com carinho,
mas que compreendo que acabou.
Só que seria mentira.
Eu me lembro dos beijos,
das ligações intermináveis,
das conversas sobre o mundo,
sobre a vida,
sobre tudo.
Eu me lembro de mergulharmos
profundamente
um no outro.
E não consigo entender por que é que você não quis
se afogar
em mim
como eu me afoguei
em você.

Gabriela Freitas

Será que nós vamos nos tornar
aquela história que deu errado
que acabou na metade
e que vamos contar
engolindo o choro
cada um aos próprios netos
lembrando de como
o fim poderia ter sido
outro?

Gabriela Freitas

> **Sinto muito por sentir tanto por quem nunca foi capaz de sentir nada**
>
> @falabibiela

Gabriela Freitas

Você se lembra daquelas noites
que a gente virava
falando sobre
arte,
poesia e
música?
Eu não leio mais
sobre nada disso,
é que tudo
ficava
muito mais bonito
quando saía
da sua boca.

Gabriela Freitas

> *Em algum momento você teve realmente a intenção de ficar?*

Tranco a porta da sala e confiro mais uma vez se o interfone ainda está funcionando. Acho que o Seu João ainda deixaria você subir sem precisar interfonar, mas já faz tanto tempo que você partiu que pode ser que ele ache melhor perguntar se eu quero te receber. E eu quero. Quero muito. Quero tanto quanto eu queria no dia em que você partiu, na primeira semana sem você ou no final do primeiro mês e anteontem e ontem. Eu nunca deixei de querer a sua volta, por mais masoquista que isso soe. E seja.

Só que você não vai vir. Nem hoje, nem amanhã, nem depois, nem na semana que vem ou no próximo mês. E eu preciso começar a aprender a lidar com isso. Preciso entender que você não vai aparecer aqui de surpresa no meio da noite com os meus chocolates favoritos e o nosso vinho de sempre pra gente jogar conversa fora antes de se jogar no tapete da sala e esquecer que existe um mundo além dessas janelas, como a gente fazia quando ainda existia amor. Apago as luzes e choro agarrada às minhas pernas pedindo pra que, pelo amor de Deus, essa dor passe logo.

@falabibiela

Está difícil aceitar todos os espaços que você deixou em mim. Tá difícil encarar a sua cadeira vazia na cozinha, o copo sem a sua escova de dente no banheiro, a sua parte do armário gritando para eu pendurar aquelas roupas que eu deixava em uma caixa por falta de espaço. Tá difícil olhar o lugar em que as suas cervejas ficavam, a parte da estante que guardava a sua coleção de discos, as nossas fotos espalhadas em todos os porta-retratos que você nunca quis comprar, mas que eu insisti porque combinavam com a decoração que escolhemos juntos quando decidimos que vir pra cá era tudo o que a gente precisava.

Cada canto foi pensado por nós, para nós. O sofá, a mesa, a louça, a cama. A nossa cama. E, quando você partiu, eu fiquei sozinha com tudo. Com os móveis, com as pequenas tralhas que você não fez questão de levar (assim como não fez questão de me levar), com a luz do banheiro pra trocar, com o quarto de visitas pra reformar, com os planos que traçamos juntos ao longo de todos esses anos, com as lembranças do que a gente viveu aqui dentro e do que a gente não conseguiu concretizar. Sobrou pra mim encarar todos os dias o passado escancarado em cada milímetro desse lugar que construímos juntos. E que era pra sempre, como eu cheguei a acreditar que a gente também seria.

Você tem noção do quanto isso foi egoísta?

Gabriela Freitas

> **Eu não sei se a nossa história acabou porque fomos longe demais ou porque nem chegamos a ir**
>
> @falabibiela

Espero a madrugada passar do lado de fora do apartamento e enxergo de longe um casal meio embriagado que caminha entre a rua e a calçada proferindo alegria, ela joga o corpo de um lado pro outro e se segura na mão dele, os cabelos vibram com o vento porque tá tarde e faz frio, mas eles não ligam, só riem e andam e brincam e amam, se olham e se perdem um no outro, e caem ali no meio da rua. Tudo bem, a rua é deserta e quase não passa carro. E se beijam, e se acham, e eu choro baixinho a lembrança que vira delírio e depois some, e eles já não estão mais lá.

Trago a esperança de que, mais cedo ou mais tarde, você vai voltar.
Tola!
Suspiro.
Tem noites que duram uma vida.
Tem vidas que duram uma noite.

Eu queria não ser capaz
de escutar
o barulho que
o nosso silêncio faz
dentro de mim.

Gabriela Freitas

Seu toque
se transformou
em uma ferida
que eu luto
pra não
cicatrizar.
[a cicatriz mostraria que não há mais resquícios seus em mim]

Gabriela Freitas

Eu dançava
ao seu redor
enquanto você
tocava
minhas músicas
favoritas
sem fazer ideia
de que eu estava
rodopiando
na beirada
de um abismo
– você.

Gabriela Freitas

> *Preciso descobrir como apagar
> todos os rastros dos espaços vazios
> que ficaram em mim
> desde que você resolveu sair daqui.*

Eu queria ter sido capaz de ler as suas entrelinhas enquanto você ainda estava aqui. De entender quando o meio virou fim antes que realmente acabasse. De perceber quando o fogo apagou, mas ainda restava um pouco de brasa. Eu queria ter sido capaz de assimilar que você não estava brincando quando disse que sentia medo da gente. Talvez assim agora a dor fosse menor. Talvez eu estivesse mais preparada pra encarar a bagunça que ficou. Talvez eu tivesse conseguido te impedir de ir embora.

A poeira está baixando e eu estou conseguindo ver o que eu não via antes. Ou o que eu não queria assumir que estava vendo. Isso não quer dizer que eu sinta menos a sua falta, que fique claro! Eu continuo aqui, estática, lutando contra a vontade de esperar você voltar todos os dias. Mas agora eu consigo olhar ao redor e aceitar que você me deu alguns sinais de que não sabia mais se conseguiria continuar em nós. E que eu preferi ignorar, porque dessa forma eu não teria que lidar com a possibilidade de a gente ter que ser menos do que o máximo que poderia alcançar.

Gabriela Freitas

Na nossa penúltima briga, você questionou por que absolutamente tudo precisava ser tão intenso e tão gigante e tão avassalador quando envolvia nós dois. Eu não soube o que te responder, nunca havia pensado nisso. Acho que grandes amores são assim, talvez por isso eles quase sempre se destruam no fim. Cê falou que estava pesado demais aguentar tudo e eu achei que você estava falando daquelas discussões idiotas que a gente tinha por motivos mais idiotas ainda, mas agora, depois de todo esse tempo sem você, eu acho que na verdade cê estava falando da gente.

Desculpa se eu me enganei achando que a beleza do que a gente tinha estava exatamente nos nossos exageros. Desculpa se eu não fui capaz de ouvir os seus gritos de silêncio enquanto a nossa intensidade te sufocava. Eu devia ter percebido. Mas é que eu sempre fui apaixonada pela forma como a gente se eletrocutava só de chegar perto um do outro. Desde o começo. Desde antes de a gente ser. Eu nunca fui de sentir em conta-gotas, então não me assustei com a nossa enxurrada, pelo contrário! Era a tempestade mais bonita que eu já tinha visto. Só que talvez você tivesse medo de raio.

Nós poderíamos ter nos adaptado. Eu sei que, se a gente tivesse diminuído a frequência, você ainda estaria aqui. Mas o triste é saber que ainda assim não seria pra sempre: eu é que não aguentaria se a gente tivesse que ser menos.

Gabriela Freitas

Você acha que seria justo
diminuir o nosso amor
só pra ele
caber em você
sem te esmagar?
[me dói assumir que não]

**A verdade é que
nem todo mundo está
preparado para o amor.**

Gabriela Freitas

Nós dois causávamos
o maior furacão
que a humanidade
já viu passar.

Gabriela Freitas

Se você estiver pensando em mim
saiba que eu ainda penso muito
em você
e que acho que ainda dá tempo
de a gente ter tempo
de aprender a lidar
com o nosso amor.

Gabriela Freitas

*Será que eu não estou
só criando desculpas
pra minimizar
o fim?*

Gabriela Freitas

> **Eu queria entender qual parte de nós foi verdade e qual você fingiu ser**
>
> @falabibiela

Não vou negar, tem dias em que faço o mesmo caminho que fazíamos quando voltávamos juntos do trabalho só pra correr o risco de conseguir te encontrar. Procuro o seu cheiro em desconhecidos na esperança de que algum deles seja você, mas nunca é. Ando pelas nossas esquinas atrás de alguma oportunidade pra dizer que sinto a sua falta, que aquela pizzaria na esquina ainda funciona e que a gente podia jantar a sua pizza favorita. Eu compro o vinho, se você vier.

Tem dias em que vago por aí revivendo os momentos em que percorremos esses mesmos paralelepípedos de mãos dadas. Engulo a seco cada um dos gritos que coçam a minha garganta implorando pra sair. É que eu queria que você ouvisse toda a falta que está fazendo em mim. Passo nos mesmos lugares em que passávamos. Na nossa padaria de domingo, na feira perto do ponto de ônibus, na floricultura, naquela loja de bolos. Fubá com goiabada, lembra? Era o seu favorito. E eu, que nunca gostei muito de fubá, aprendi a comer por você.

Existe um pouco de nós em cada ponto desse bairro. Existe um pedaço da nossa história em cada beco em que nos amamos, em cada rua em que dançamos, em cada calçada em que cambaleamos depois de beber demais em algum boteco sujo que já conhecia o nosso amor. Tem um pouco das nossas brigas espalhadas nesse ar que agora eu respiro sozinha. Tem um pouco das nossas promessas gravadas nesses muros e alguma dessas árvores ainda mantêm as nossas iniciais gravadas.

Depois que você se foi, teve algum dia em que voltou aqui? Teve algum momento em que deu saudade de passear por esse bairro que a gente escolheu a dedo porque tinha um jeito boêmio que combinava com a nossa forma de encarar a vida? Isso ainda combina com você? Quem você se tornou depois de mim? Ou será que a sua vida agora é muito mais deslumbrante e menos piegas do que era nesse espaço antigo da cidade?

Tudo o que fizemos foi pensando no futuro, mas você esqueceu. E de mim, você já se esqueceu?

Gabriela Freitas

Tem dias em que eu choro
em cima de todas as lembranças
de todos os momentos,
de todas as risadas,
de todos os beijos
de todos os abraços
de todas as coisas
que nós nunca mais
vamos poder
viver.
[e foi você quem quis assim]

Gabriela Freitas

O amor é um bicho burro:
eu não entendo
como é que eu não consigo
tirar do meu coração
alguém que escolheu
que era melhor
não continuar
morando em mim.

Gabriela Freitas

> *Você navegou por tanto tempo meu corpo e mesmo assim fugiu quando chegou a hora de atracar.*

O mais triste de tudo isso é que eu sei que ninguém nunca mais vai arrepiar meu corpo do jeito que cê fazia quando deslizava os dedos na minha coluna depois de a gente fazer amor. Que com certeza não há mais ninguém no mundo capaz de achar graça em toda a minha intensidade e nem de entender que eu não consigo ser menos exagerada em tudo o que eu sinto, porque tudo em mim é no aumentativo, em excesso.

Talvez você ainda não tenha se dado conta de que provavelmente também não há, em nenhum outro canto do mundo, alguém que entenda tão bem o seu medo de deixar transparecer o tanto que cê tem pra transbordar ou então a sua dificuldade de compreender as coisas que acontecem dentro de você, porque cê nunca aprendeu muito bem a manusear a sua sensibilidade e muito do que cê sente, não sabe como dizer. Mas eu sabia. Eu sempre sabia.

Você conhecia de cor e salteado cada lacuna da minha singularidade e conseguia me ler sem que eu precisasse dizer uma palavra sequer. E aquilo que a gente tinha de saber exatamente o que o outro estava pensando só de olhar nos olhos um do outro; ou ainda aquele negócio de sempre conseguir completar as frases que o outro dizia sem errar; isso tudo, assim como todas as outras coisas que explicavam um pouco da força da nossa ligação, nunca mais vai existir com mais ninguém.

Não há mais ninguém no mundo que vá causar o choque que a gente causava um no outro a cada vez que as nossas peles se encostavam, ou que vá fazer o universo pegar fogo como a gente fazia a cada vez que as nossas bocas se tinham. Não há mais ninguém no mundo que vá causar os revertérios no estômago que eu te causava a cada vez que chegava de mansinho no seu ouvido, ou que vá me elevar a outro universo como você conseguia.

É triste olhar pra nossa história e ver o quanto éramos únicos, mas não o suficiente pra que ficássemos e durássemos.

Gabriela Freitas

Eu me lembro de quando
a gente incendiava
a casa
botava fogo
no bairro
acordava
os vizinhos
eu lembro
que quando a gente
se encostava
tudo explodia
a gente era
combustão
e agora tudo o que
queima
é a saudade
de nós
que restou
em mim.

Gabriela Freitas

Eu queria invadir
a sua alma
as suas entranhas
Os seus pedaços mais
profundos
só pra me certificar
de que realmente
não tem mais nada meu
aí.
[é que ainda tem tanto de você aqui]

Gabriela Freitas

> **Depois do fim por quanto tempo o amor pode morar dentro da gente?**
>
> @falabibiela

Gabriela Freitas

> *Passa aqui pra buscar os meus pedaços que você esqueceu de levar quando saiu de fininho pra não ter que dizer adeus.*

Tem um milhão de coisas que eu gostaria de poder te dizer, mas agora a única que realmente importa é que cada parte da minha alma está gritando por você. Não profere desses gritos assustados, apavorados, que a gente dá quando quer fugir de algo, mas um grito que nasce no fundo da boca do estômago e sobe pela traqueia como um vômito entalado pronto pra aliviar tudo o que queima aqui dentro.

Eu sei que hoje tá tarde, que você nem deve estar acordado e que, se estivesse, também não viria até aqui pra esquentar o frio que faz em mim. É que... Moreno, não tem cobertor que me cubra melhor que os seus braços envoltos em meu corpo. Que a sua respiração estacionada na minha nuca. Que. Tá tarde, tá tarde, tá tarde, eu digo. Mas não tá, não se você quiser. Não se o seu corpo também estiver clamando pelo meu. Não se a minha ausência também estiver insuportável pra você. Não se a sua pele também estiver com urgência da minha.

Já não importa o que te fez sair de mim, nem os seus motivos racionais pra colocar um ponto final nessa história que nunca foi muito lógica. Eu não quero escutar seus argumentos, nem o discurso que você criou pra que tudo faça sentido. Eu quero ouvir o que o seu coração está dizendo agora enquanto eu imploro pra te ter de volta. Quero ouvir o que é que todo esse sentimento que você tenta ignorar berra quando me vê. Não vem com esse papo de que não cabemos mais um no outro, ainda tem espaço suficiente pra você entrar em mim.

Eu quero saber se o que restou de você depois de todo esse tempo realmente não carrega mais nenhuma saudade minha. E não me importo se isso soa como loucura, porque insanidade maior seria eu ser capaz de te deixar ir.

me dói quando penso
que a gente ainda tinha
a vida toda pra ser
o que você impediu
que a gente fosse.

Gabriela Freitas

Ainda me lembro do dia em que
você disse que não me trocaria
por mais nada
nesse mundo.
[você e suas mentiras]

Gabriela Freitas

Como foi
virar as costas
pra quem
(você disse)
tinha o seu futuro
na palma das mãos?

*Será que você também anda por aí
torcendo pra esbarrar em mim?*

Gabriela Freitas

Eu queria esquecer
todas as palavras
de amor
que você sussurrou
no meu ouvido
enquanto a gente rolava
no chão do quarto
mas eu não consigo
apagar sua voz rouca
e a certeza que você
dizia sentir
sobre nós.
[cadê essa certeza agora?]

– Será que ele realmente já me esqueceu?

– Tanto faz isso... Agora você só precisa conhecer alguém diferente, seguir em frente...

– Não! Não preciso de outra pessoa, não preciso de mais ninguém agora. Eu só preciso entender o que foi que eu fiz – ou que não fiz – para que ele fosse embora.

– Saber disso não vai fazê-lo voltar, cê sabe, né?!

– Mas talvez me faça ir.

Pode ser que eu tenha
colocado poesia demais
em uma história qualquer
que nunca teve o suficiente
pra virar o livro que eu queria
te dar.
[eu sempre fui de exagerar]

*Você me ligou ontem
mas desligou
antes que eu pudesse atender
foi engano
ou foi pra dizer que se enganou?*

Eu acordei com uma chamada perdida do seu telefone, precisei engolir meu coração umas três vezes depois pra ele continuar batendo dentro de mim. Você não tentou de novo, não deixou recado na caixa postal e não enviou nenhuma mensagem dizendo o que queria. Pensei em retornar, mas estou cansada de cair na sua secretária eletrônica, já até decorei o que ela diz. Queria entender o que você queria.

Uma parte de mim, não vou negar, espera ouvir que cê está arrependido, que pensou melhor e que quer voltar. Que viu que o mundo nem tem tanta graça assim e que está com saudade do meu jeito engraçado de encarar qualquer coisa sem graça. Que sente falta de passar a mão pelo meu cabelo antes de dormir e de sentir meu cheiro se misturando ao seu. Eu ainda sinto falta, moreno. Disso e de muito mais. E queria que você soubesse que continua foda não te ter aqui.

Queria que você soubesse que os dias ainda são pesados e que eu ainda espero ouvir você bater na porta de casa com os meus chocolates favoritos, uma garrafa do nosso vinho e aquela pizza que tem aqui perto. Eu ainda espero ouvir você falar baixinho no meu ouvido, arrepiando meu corpo inteiro, que não vê a hora de acabar o jantar, enquanto eu te digo pra gente pular essa parte e ir direto pra sobremesa. Lembra quando a gente colocava a caixa no chão e comia a pizza ali mesmo depois de fazer amor?

Queria que você soubesse que eu ainda não me esqueci. De nada. E que você continua vivo e pulsando em cada uma das minhas células, que esperam seu toque pra acalmar minha pele.

Gabriela Freitas

Talvez se eu entendesse
os seus motivos
eu também acharia
que não valia a pena
continuar
aqui.

Gabriela Freitas

*Será que
um dia
você vai voltar a ser
a primeira coisa que
eu enxergo quando
abro o olho?*

Sonhei com a gente hoje e acordei com a boca seca implorando pela sua. Eu juro que nos últimos dias a saudade estava ficando mais leve, seu cheiro está desaparecendo de mim. Nossas fotos já foram retiradas de todos os cantos da casa e guardadas dentro do armário, escondidas longe da minha vista, do mesmo jeito que eu queria poder fazer com o que sinto por você. Voltei a fazer academia, parei de andar pelos cantos com o celular na mão esperançosa de ouvir a sua voz, tenho saído mais e evito perguntar sobre você. É melhor não saber se já tem alguém no meu lugar.

O problema é que, quando eu acho que acabou, você dá um jeito de aparecer, mesmo sem ter culpa disso. Quando eu acho que, finalmente, tô pronta pra encerrar o livro da nossa história, meu inconsciente me boicota só pra me fazer ver que cê nunca deixou realmente de existir em mim. E aqui estou eu, de novo, escrevendo sobre uma saudade que eu não posso matar, sobre alguém que eu já nem sei mais se é o meu alguém, sobre lembranças que já não são mais tão nítidas, sobre um passado que insiste em assombrar o meu presente na esperança de não deixar de ser futuro.

Eu vi você me pedir perdão e dizer que queria voltar a morar em mim, eu sorri e respondi pra você deixar de ser bobo, porque cê nunca saiu daqui. E aí eu acordei com a sensação dos seus braços ao meu redor, do jeito que você fazia quando estávamos juntos. Eu quis tanto te ligar, moreno, quis tanto te contar que os dias estão mais leves, que o céu está mais claro, e que mesmo assim eu ainda sonho com você. Quis te dizer que essa noite eu lembrei que ainda tenho você tatuado em cada canto meu, que ainda existe uma chance para o nosso amor renascer, porque eu tô seguindo em frente, sim, mas ainda não consigo fazer isso sem olhar pra trás na torcida de te ver.

Ir embora de nós tem sido uma das coisas mais difíceis que eu já fiz. Não me deixa terminar de fazer isso.

Gabriela Freitas

Eu não consigo te esquecer
porque tudo em mim
pede por você
e eu não sei
fingir que não me escuto.

Gabriela Freitas

Chorei no banheiro toda a saudade
 que eu sinto de nós na esperança
de o amor escorrer pelo ralo
mas ele continua
impregnado
em mim.

Você não faz ideia
do barulho que
meu corpo inteiro
ainda faz
só de imaginar
você
aqui.

Gabriela Freitas

Essa semana foi horrível. Acho que vão me mandar embora. Tudo bem que eu nem gosto muito de lá, mas como eu vou fazer se isso acontecer? Não quero voltar pra casa dos meus pais! Finalmente terminei aquela série que a gente via junto e achei o final péssimo. Você imaginou a minha cara de revolta quando também terminou de assistir? E eu tô esquecendo a sua voz. Esse último ponto talvez seja o mais difícil.

Já foram três meses desde a sua partida. Eu apaguei nossas mensagens no 48º dia, num surto de racionalidade, quando me dei conta de que precisava parar de reler tudo aquilo. Achei que era só isso que faltava pra eu te esquecer, mas é claro que eu estava errada! Depois disso ainda faltaram muitas coisas, e uma delas foi justamente a coragem pra te esquecer. Ou seria a vontade? Sei lá! Mas me peguei desesperada tentando me lembrar do seu sotaque, do erre meio arrastado de carioca, mesmo cê tendo vindo tão novo pra cá.

O que vai ser depois que eu me esquecer da sua voz? Qual é a próxima coisa da qual eu vou deixar de lembrar? Os nossos planos? A primeira vez que eu te vi? Os seus traços? A covinha que aparecia nas suas bochechas quando você sorria? O gosto que tinha o seu corpo? O cheiro do seu perfume vagabundo? O seu jeito de desabotoar as minhas camisas depois do trabalho? A sensação de tudo arrepiar quando cê me abraçava por trás enquanto eu cozinhava? E quando eu te apagar de vez? Quando não restar mais nada de você aqui? O que vai ser?

Eu tenho medo de abrir os olhos e já não lembrar mais dos seus. Medo de que o tempo delete tudo o que a gente viveu, tudo o que a gente construiu. Tudo bem, eu entendo que, no fim, isso é mesmo inevitável! Eu vou acabar te deixando pra trás como você me deixou. Mas é que... Mesmo você tendo ido embora, eu ainda não estou preparada pra te esquecer, pra te transformar em parte do meu passado, como se a nossa não fosse a história que eu mais gostei de escrever, como se o nosso não fosse o meu pedaço favorito da vida.

Eu ainda não estou pronta pra aceitar que acabou. Nem que você não vai voltar pra me dizer que quer continuar do ponto em que paramos. Nem pra parar de te esperar.

*Tem coisas ruins
que ficariam boas
só de você estar
aqui.*

Gabriela Freitas

Só queria que você me convencesse
de que ainda dá tempo
de recuperarmos todo o tempo
que perdemos.

                    É que eu
                  ainda tinha
                tantos beijos
                  separados
                    pra te
                      dar.

*Você foi embora
ou fugiu?*

Gabriela Freitas

> *Como é que alguém
> pode desperdiçar
> tanto amor?*

Tem dias em que eu só queria saber se você também continua pensando em mim. Se teve alguma dessas vezes em que você ligou que cê realmente pensou em me deixar atender, mesmo que fosse só pra ouvir minha voz. Eu disquei seu número algumas vezes depois que entendi que você não ia me atender, mas não deixei nenhuma ligação completar. Não podia continuar fazendo isso comigo. E você, perguntou de mim pra algum dos nossos amigos? Pensou em me observar de longe saindo do trabalho ou perto de casa? Quis saber como é que eu estava? Por onde eu ando? O que eu tenho feito de diferente?

Tem dias em que eu só queria saber se, em algum momento durante todas essas horas em que meu corpo esteve afastado do seu, cê sentiu vontade de voltar atrás, se te bateu um medo de ter feito a escolha errada e de não dar mais tempo de corrigir todo o estragou que causou. Tem dias em que tudo de que eu precisava era saber que você também chora quietinho no seu novo quarto, que eu não conheço, antes de pegar no sono. Que você também sente o coração ficar esmagado, pesado, e luta pra tentar fingir que não está doendo tanto assim. E que a sua mão também passeia do outro lado da cama, mesmo eu nunca tendo dormido nela, buscando apertar a minha.

Queria saber se você também luta em algum canto dessa cidade pra apagar todas as vezes em que estarmos eu e você bastou pra que fôssemos felizes. Porque eu luto todos os dias. A cada instante. Eu não cheguei a imaginar que aquelas noites que perdemos juntos jurando amor eterno foram de mentira, mas eu queria conseguir compreender o momento exato em que essa promessa deixou de fazer sentido. E o porquê. Acho que tantas perguntas sem resposta me prendem ainda mais a você. Não que faça diferença saber agora, porque eu já entendi que não tem volta, mas pelo menos eu conseguiria fechar os olhos sem fantasiar todos os erros que podem ter acontecido pra você preferir ir embora.

Sabe, moreno, eu tô sobrevivendo a você, eu tô seguindo os conselhos e tocando o barco um dia após o outro, como um viciado em reabilitação. Cada dia sem chorar é uma vitória. Eu tropeço, eu caio, eu te busco nas redes sociais e torço pra algum amigo falar o seu nome só para eu poder saber como é que cê tá, mas depois eu me recomponho, me reequilibro e volto a encarar o futuro, tão assustador sem você ao meu lado. Talvez você não faça ideia de como é viver isso, de como é sentir isso, talvez você nem tenha pensado mais em mim, falado mais de mim, ouvido sobre mim. Talvez pra você tenha sido tudo fácil, como acabar um livro sem graça e abrir um muito melhor. Mas pra mim não.

Todos os dias eu vivo uma nova batalha. A minha sorte é que eu tenho vencido a maioria delas.

Gabriela Freitas

> Tem algumas histórias que "quase são" e acabam doendo mais do que aquelas que realmente chegaram a ser

@falabibiela

Eu lembro dos planos que fizemos juntos no último verão. Lembro das promessas que jogamos ao vento por todos esses anos em que dividimos os mesmos sonhos. Lembro do futuro que tricotamos entre taças de vinhos e pedaços de pizza no tapete da sala. Lembro das certezas que vociferávamos ao universo. E de como tudo parecia certo.

Eu lembro que nada no mundo queimava mais do que nós. E que era o nosso fogo o responsável por me aquecer nas noites de inverno. Eu lembro que eu falava de nós e de como tudo parecia perfeito. Lembro de acreditar que éramos imbatíveis, porque tudo era tão grande e tão intenso que nada seria capaz de nos destruir, exceto nós mesmos. E essa foi a sua escolha.

Você optou em acabar com a nossa história. E com os nossos planos. E com as nossas promessas. E com o nosso futuro. E com as nossas certezas.

De repente, tudo ficou tão errado.

E frio.

Não havia mais nada e nem ninguém para me esquentar.

Gabriela Freitas

Você partiu e eu
descobri que
a gente pode
morrer em vida.

*Espero que eu
consiga ressuscitar.*

Gabriela Freitas

> **Em qual parte do corpo a saudade fica?**
>
> *– é tudo que dói em mim*
>
> @falabibiela

Eu sabia que você viria. Quer dizer, eu não sabia. Mas há mais de noventa e nove dias eu espero pela sua volta. E eu não sei direito o que pensar agora que você está aqui.

Enquanto cê me encara como se procurasse alguma coisa pra dizer, eu me levanto e mexo nas panelas. Hoje fiz risoto, o seu prato favorito. Mas não importa, porque você não estava aqui pra almoçar comigo. Você não estava aqui pra beber comigo, pra dançar comigo, pra rir comigo, pra ver o nosso filme favorito, que passou ontem na televisão, comigo.

Brilho eterno de uma mente sem lembranças.

Como eu quis poder te esquecer também. Mas agora cê tá aqui, me olhando com essa cara de quem não sabe explicar o que aconteceu e não planejou uma desculpa boa o suficiente pra ter vindo. Te ofereço um café e você aceita.

Passei agora, digo.
Você sorri.
Senti sua falta, confessa.

E eu não quero admitir que também senti a sua. Não quero admitir todos os meus choros e nem todas as cartas que te escrevi. Não quero que você saiba o quanto acabou comigo. Mas quero que você diga que estar longe também acabou contigo.

Depois do terceiro gole, você se levanta.
Por que você foi embora? Vomito.
Não quero falar disso agora.

E a gente não fala.

A sua boca engole a minha enquanto nossos corpos dançam no chão desse apartamento que estava esquecendo como é carregar o seu cheiro. Como um déjà vu, você abre o seu peito para eu transformá-lo em lar e por alguns minutos nada do que foi importa. Você veio. E eu tô feliz com isso.

A gente se perde e se acha e se tem nessa tentativa insana de nos transformarmos em um, enquanto lá fora o dia escurece e as horas passam sem que nenhum de nós perceba que é tarde demais.

E, na busca de cura, a gente se fere.

Seus dedos caminham pela minha coluna e eu fecho os olhos porque sei que você não veio pra ficar. Eu sabia quando a campainha tocou e não tinha nada nos seus braços e mesmo assim eu te deixei entrar.

Desculpa... Você sussurra.

E depois parte, me partindo mais uma vez.

Gabriela Freitas

E eu me desfaço em seu
abraço
tentando não querer
te querer
o tanto que eu
te quero.

*Você nunca saiu
de verdade
daqui.*

Gabriela Freitas

Doeu te ver partir
e sentir que você
continuava aqui,
em mim,
como um tumor
se alastrando
por todo o meu
corpo.
[que também nunca deixou de ser seu]

Gabriela Freitas

> Eu ainda amo todas as coisas que eu amava antes de te ver partir inclusive você
>
> @falabibiela

Eu quero fugir pra onde não tenha
nenhuma lembrança do que foi
você
pra mim.
[e nem do que eu deixei de ser
pra você]

Eu queria ter sido
O seu destino final,
Mas fui parte da viagem.

O problema é que pra gente
sempre foi tarde demais.

Gabriela Freitas

> **Eu perdi você ou eu nunca cheguei a te encontrar?**
>
> @falabibiela

Gabriela Freitas

> *Nota pra mim mesma:*
> *da próxima vez que ele voltar querendo mais uma chance,*
> *se lembre das noites de insônia, do choro incontrolável*
> *e de como foi difícil se levantar depois que ele*
> *(te) partiu*

Eu não devia ter deixado que você voltasse. Ensaiei diversas vezes como seria esse momento e em nenhum deles eu parecia tão vulnerável ao teu toque. Mas eu fui! Não resisti aos teus olhos me engolindo quando abri a porta. Nem a tentação de mergulhar no teu cheiro.

Foi difícil raciocinar com você ali procurando palavras para explicar por que é que cê não tinha conseguido se impedir de me procurar. Eu também queria te ver, moreno. Talvez por isso eu tenha escolhido ignorar toda a parte lógica que dentro de mim berrava para eu te expulsar dali, e decidi te convidar pra entrar. Só não sabia que depois doeria tanto.

Quando você partiu pela primeira vez, eu me vi despencando de um precipício. Pensei em toda a minha vida. Revivi todas as minhas escolhas. E me dei conta de que depois de passar por você, poucas coisas faziam sentido sem te ter ao meu lado. Mas eu estava me reconstruindo. Pouco a pouco. Dia após dia. Até aquela tarde em que a campainha tocou.

Você me fez descobrir que é possível morrer de novo pelo mesmo motivo e ainda assim continuar vivendo. Despenquei do mesmo precipício e tudo que eu pude fazer foi dizer a mim mesma que havia me avisado. E que o amor pode até ser surdo, mas eu não sou. Preciso aprender a me escutar!

Espero me lembrar da próxima vez que apostar em você é sempre um risco alto demais. E que eu não tenho como pagar.

Eu queria te convencer de que ainda dava tempo para nós, mas aí eu me dei conta de que se eu precisava te convencer era porquê na verdade já não dava mais.

Gabriela Freitas

FIM DO FIM

*O que fez você me perder
enquanto eu me perdia
em você?*

Nada entre nós nunca foi verdadeiramente leve. Nem tinha como ser. E talvez essa tenha sido a parte que a gente sempre empurrou pra debaixo do tapete. É que eu sempre gostei de histórias impossíveis, dessas em que os personagens precisam lutar contra o mundo pra conseguirem ficar juntos. Eu achei que estávamos lutando. E vencendo.

Eu me acostumei com o nosso caos. Com a forma como você reclamava do meu jeito exagerado de ser e de com a sua mania de nunca querer demonstrar nada, que me irritava. Me acostumei com as nossas birras, com as nossas discussões, com as noites em que dormíamos brigados e no outro dia não sabíamos direito como fazer as pazes. Nenhum de nós nunca foi muito de dar o braço a torcer. Será que foi esse o nosso erro? Ignorar todos os problemas ao invés de tentar realmente resolvê-los?

Eu me acostumei, também, com o nosso jeito tão oito ou oitenta, tudo ou nada, agora ou nunca, sem meio-termo pra nada. E eu nunca gostei de meios-termos. Nem você. Sempre foi isso que fez com que nos atraíssemos. Isso e aquele magnetismo que nenhum de nós nunca soube muito bem explicar. Mas ele existia. Eu sei que existia! E, mesmo que tudo tenha sido mentira, a necessidade que um tinha do outro nunca foi falsa.

Pode ser que eu tenha escolhido não enxergar os sinais do nosso fim. Pode ser que eu tenha me prendido nas horas em que o relógio congelava para o nosso beijo durar mais. Pode ser que eu tenha ignorado todas as coisas erradas que nos cercavam só pra não precisarmos encarar a bagunça que causávamos um no outro. Pode ser que esse amor, que eu acreditava não ser coisa dessa vida, nunca tenha sido tão grande assim. Ou foi grande demais para o que a gente era capaz de carregar.

Sei lá. Mas eu queria que você tivesse ficado um pouco mais. Que tivesse insistido na gente, mesmo com todas as nossas confusões.

Eu tenho certeza de que a gente teria arrumado um jeito.

Gabriela Freitas

*Eu queria lembrar o que foi dito
antes do nosso último beijo
acho que tinha a ver com
amor.*

Queria que você me ligasse pedindo pra eu ficar. Ficar nessa casa, nesse bairro, em você. Queria que você me pedisse pra desistir dos novos planos que eu tenho traçado, nos quais você não se encaixa mais, porque eles não têm nada a ver comigo. Que pedisse pra eu insistir um pouco mais na certeza que o meu coração grita sobre nós. Se a gente tivesse uma chance, por menor que fosse, eu pararia tudo agora e apostaria todas as fichas que ainda tenho na nossa história. Mas você não vai ligar. Nem pra isso, nem pra dizer que está com saudade, nem pra perguntar como é que eu estou.

Eu tô mal, moreno, mas isso vai passar. É questão de tempo, dizem. E eu acredito. Vai passar assim que eu conseguir entender que não tem mais nada em você que ainda te prenda a mim. Vai passar quando a minha ficha cair e eu conseguir encarar que não restou nada de nós, por mais que eu lute pra encontrar os nossos pedaços por aí. Que você não pensa em nós antes pegar no sono, nem em como tínhamos tudo pra dar certo. Que você não chora até perder o ar, nem acorda assustado depois de sonhar comigo. Que não se questiona sobre o que poderia ter sido, sobre o que eu tenho feito, sobre como tudo ficou depois do caos que cê causou.

Vai passar quando eu aceitar que você não vai me convidar pra um café. Não vai me chamar pra ver com você a nossa exposição no MASP, nem pra conhecer sua casa nova, sua cama nova, sua vida nova. Mas é que, desculpa, por mais ridículo que soe, tudo o que eu queria é que você me quisesse de volta do mesmo jeito que quis quando me convidou pra habitar dentro de você. Eu sei que já passei de todos os limites da loucura, mas é que... Quando não tem ninguém olhando e eu fecho os olhos, só consigo imaginar o dia em que alguma coisa vai acontecer e o universo vai te colocar de novo no meu caminho.

Não é possível que todo aquele amor que mal cabia em nós tenha sido à toa. Não pode ser que nunca mais eu vou sentir meu corpo estremecer com você. Que cê nunca vai perceber que ainda tem muita história pra gente viver. Não é possível que esse seja o final. O nosso final. E que eu seja obrigada a engolir isso do jeito que a gente engole um remédio ruim pra ficar melhor.

Gabriela Freitas

Eu apostei todas as minhas fichas
achando que você não era desse tipo de cara
que só molha os pés,
que fica na beirada,
que vai embora quando a maré sobe
E perdi.

Gabriela Freitas

> "A gente acabou mas arrisco dizer que não foi falta de amor"
>
> @falabibiela

Gabriela Freitas

> *Ainda tem muito de você
> morando em mim.*

Ontem eu me dei conta de que você nunca mais vai voltar de verdade, por mais que passe, às vezes, só pra matar a saudade. Não que eu já não soubesse disso. Mas é que ontem caiu a ficha de que a nossa história realmente acabou. E agora está doendo de novo.

Por mais que eu tenha evitado falar sobre você, por mais que eu esteja lutando pra ignorar seu nome, tudo ainda tem um pouco da gente. Um pouco da esperança de que você vai se dar conta da burrada que fez e voltar atrás, voltar pra mim. Ou tinha. É que eu cansei de continuar criando desculpas pra me enganar, pra fingir que ainda pode ser, pra não ter que encarar o nosso fim.

Tudo o que eu tenho feito ainda é pra você. E me dói confessar isso. Dói admitir que o meu mundo ainda gira em torno do seu umbigo. Até essas noitadas são pra que você veja, até esses novos caras são pra que você saiba. Tudo. Tudo. Tudo é pra que chegue no seu ouvido e quem sabe assim você não estremeça, você não repense, você volte a me querer tanto quanto eu nunca deixei de querer você.

Deixo as lágrimas rolarem essa noite porque eu estou despida de toda armadura que tenho tentado criar pra me proteger de sentir todo esse amor que não se esvai

@falabibiela

de mim. Agarro a tela de proteção – aquela que colocamos pros filhos que não vamos ter – e engulo o grito que chega na minha garganta e quase sai. A sua ausência está trucidando cada célula do meu corpo, que não sabe mais viver sem o seu. E não está conseguindo aprender.

Cada poro da minha pele ecoa a falta que a sua pele faz. Os meus dedos se entrelaçam tentando sanar a lacuna que a sua mão deixou. Tudo em mim queima. Tudo em mim arde. Quem poderia curar isso é exatamente quem o causou. E você não vai vir. Não vou ter sua mão, seu corpo, sua pele, seu colo, seu cheiro. Não vai ter cura antes que eu enlouqueça de saudade de tudo o que você impediu a gente de ser.

Gabriela Freitas

> **Ninguém cura as suas feridas voltando pra quem as causou**
>
> @falabibiela

Trago melancolicamente as marcas da ausência das suas mãos no meu corpo e solto a ilusão de que tá tudo bem.

repito na frente do espelho que isso logo vai passar

e encaro um reflexo mentiroso.

não vai, eu sei.

mas sigo dizendo ao resto do mundo que a minha vida já voltou a andar pra frente sem querer admitir que eu continuo parada em você.

Deixo a saudade escorrer pelos meus olhos enquanto vejo a noite ser engolida pelas horas que passam sem trégua. Já se foi mais uma semana e cada vez eu tenho mais certeza de que não há nada que possa ser feito pra mudar o nosso fim. Mesmo assim, algo aqui dentro de mim continua gritando insistentemente que é você e que talvez sempre seja você, mesmo que nesse porta-retratos a meu lado já não esteja mais a nossa foto, nem seu perfume nesses travesseiros, nem a gente enrolado nesses lençóis.

E enquanto eu me dou conta de que de todas as lutas que podem existir, a única que eu realmente preciso vencer é exatamente uma, contra você, eu choro. Choro porque eu não consigo dormir e não sei se a culpa é de toda a cafeína que eu tomei, ansiosa para o dia acabar de uma vez, ou da vontade que eu tenho de não dormir com você aqui. Choro porque, enquanto rolo de um lado para o outro, só consigo me lembrar de todas as vezes em que a gente falou de amor em cima desse colchão. De todas as vezes em que esse apartamento foi muito maior e muito melhor do que qualquer outro lugar no mundo. E o suficiente pra gente.

Choro porque, por mais que eu negue, todos os filmes de amor ainda me lembram você. Choro porque eu não consigo continuar nenhuma daquelas séries que a gente via junto e que talvez cê já tenha até terminado sem mim. Choro porque, de todas as coisas que a gente podia ser – amor, desejo, paixão, tesão –, nós viramos saudade. Choro porque mais cedo eu estava na cozinha fazendo brigadeiro e ouvi sua voz dizendo que se eu comesse antes de você sair do banho eu ia ter que te aguentar com camiseta de time a semana inteira. Eu sempre odiei aquelas suas camisetas de time. Você sempre odiou que eu não te esperasse pra comer.

Choro pra tentar expulsar tudo o que ainda resta aqui, mas, por mais que eu vomite todas as lembranças, todas as promessas, você continua entrelaçado com todas as minhas vísceras. Choro porque hoje choveu quando eu estava chegando em casa e sempre que isso acontecia a gente dançava na chuva como se nem os carros, nem a gripe, nem os relâmpagos importassem, e aí a gente competia pra ver quem ia chegar primeiro no chuveiro, mesmo sabendo que, no final, daríamos um jeito de entrarmos os dois no banho.

Choro porque finais são horríveis. Sempre. De qualquer jeito. Qualquer um. E eu nunca lidei muito bem com eles. Sempre fui melhor com começos.

Mas é que o final de um grande amor que a gente sabe que não deixou de ser, ah, moreno, esse sim é foda!

Gabriela Freitas

É sempre no seu nome que eu
penso
quando algo acontece
é sempre pra você que eu
corro
mesmo sabendo
que cê não está mais
aqui
é sempre você que eu
procuro
nesses bares
nessas festas
nessa gente
é sempre você
ainda que nunca mais
seja eu.

Você é uma úlcera
na alma
que não melhora
nunca.

Gabriela Freitas

Entre todas as coisas que eu podia pedir
em cada uma das minhas orações
a único coisa pela qual eu clamo
é a minha vontade de
que tudo ainda fosse
amor.

Não tem nada em mim
que não esteja
sangrando
desesperadamente
agora
Eu deveria saber
mas é que de longe
nunca deu pra perceber
que você
doía
tanto.

Gabriela Freitas

*Eu amei esse seu cheiro
de estrago
sem imaginar
tudo o que você estragaria
em mim.*

Gabriela Freitas

> *Eu ouvi sua voz em doze bocas*
> *diferentes só hoje*
> *acho que já*
> *enlouqueci.*

Tem dias em que eu consigo te esquecer. A rotina passa corrida e os milhões de compromissos engolem as horas e aí eu não tenho tempo pra sentir a sua falta. Mas tem outros em que eu preciso engolir o meu coração pra não precisar expulsar o meu orgulho. Tem dias em que absolutamente tudo o que faço tem um pouco de você. E é nesses que eu preciso me concentrar muito mais em qualquer coisa pra não ver a saudade arrombar minha porta e me fazer desabar de novo. Mas hoje não deu!

Passei o dia tentando encontrar coisas que me levassem pra longe. O trabalho final da pós, o relatório interminável sobre as últimas vendas que meu chefe pediu, o capítulo da novela que vai passar mais tarde e eu tô doida pra assistir, as coisas que eu preciso comprar pra casa porque a geladeira tá vazia e daqui a pouco nem café vai ter na dispensa, as contas que eu esqueci de pagar e preciso colocar na bolsa, meu remédio pra enxaqueca... E outras coisas, muito ou pouco importantes, que me fizessem olhar pra tudo o que eu tenho que fazer e não pro que já ficou pra trás. Como nós.

Não é fácil tentar se enganar. Eu sei bem disso. Em silêncio, você continuava me consumindo. É que cê me ajudaria com todas as pesquisas do trabalho, daria força pra que eu não procrastinasse o relatório, riria da minha ansiedade pra ver novela, faria o mercado porque cê trabalhava muito mais perto de casa e sempre detestou ver as coisas acabando, me lembraria de que eu preciso colocar as contas na bolsa, e não deixaria o meu remédio faltar. Eu sei que eu me saboto, mas é que a vida ficou muito solitária sem você aqui.

Conto carneirinhos tentando não encarar o que entope minha garganta. Tentando engolir o choro e fazer de conta que tá tudo certo, tudo normal. Mas não está! Não está porque você não está aqui e eu não posso abraçar as suas costas e sentir o seu cheiro e ouvir a sua voz me garantindo que vai ficar tudo bem. Não vai porque essa cama é grande demais e o espaço que sobra não me deixa mentir o tanto de falta que você faz. Não vai porque mesmo que eu diga que vou seguir minha vida e que daqui a pouco já estarei andando em outras estradas, não tem nenhuma parte minha que deixou de acreditar em nós.

Gabriela Freitas

> **Ninguém nunca está pronto pra perder um amor**
>
> @falabibiela

Gabriela Freitas

O nosso problema,
moreno,
sempre foi o silêncio
dos gritos que a gente
não deu.

*O amor é uma merda
e eu não consigo dar descarga
nele.*

Gabriela Freitas

> **Será que eu vou me reconhecer quando não restar mais nada de você aqui?**
>
> *- ou será que eu também já não serei mais eu?*
>
> @falabibiela

Gabriela Freitas

Se você correr ainda dá tempo de não me perder.

Troquei de emprego e você era a única pessoa pra quem eu queria desesperadamente contar quando recebi a notícia. É que cê torcia tanto pra eu achar algo que fosse mais a minha cara. Agora eu tô numa empresa incrível e a gente nem pode comemorar isso. Mas tudo bem. Terminei a pós na semana passada, agora eu tenho as terças e quintas-feiras livres pra gente assistir aquela série que você amava e acabava vendo sozinho porque eu não estava aqui. Quer dizer, você ainda gosta dessa série? É que já faz tanto tempo que você foi embora. Já faz tanto tempo que eu não sei nada sobre você.

Será que seu prato favorito ainda é o mesmo que o meu? E a sua cerveja preferida é daquela marca que eu não conseguia beber sem fazer careta? Será que o seu perfume continua sendo aquele importado que eu te dava em todo aniversario porque cê não tinha coragem de pagar tanto em algo pra você mesmo? Será que cê ainda sorri sem mostrar os dentes porque acha seu sorriso horrível, mesmo eu sempre tendo dito que ele era lindo, e continua com aquela dificuldade absurda de demonstrar o que está sentindo? Será que você ainda lê com os olhos apertadinhos por preguiça de marcar um oftalmo? Eu já não sei mais nada sobre você. Sobre você sem mim.

Nos últimos meses, tanta coisa aconteceu. Tanta coisa já não está mais igual. Mudei o corte de cabelo, por exemplo. Eu sei que você amava quando ele estava comprido, mas curto passa uma mensagem melhor sobre mim. Sobre quem eu estou me tornando. É, moreno, existe um "eu" meu que está nascendo e que você nunca vai conseguir conhecer. Um eu que mudou de cor favorita, que agora ama frutos do mar e comida japonesa, que trocou o vinho por gin e o café por chá. Dá pra acreditar? É um eu mais maduro, menos romântico e talvez até um pouco mais ácido. Um eu que jamais se encaixaria no eu que você tem guardado na memória. No eu que você amou, ou que eu acho que você amou.

A única coisa que permanece igual é a falta que eu sinto de nós.

Gabriela Freitas

– Você ainda gosta dele, não gosta?

– Gostar não é bem a palavra certa, acho que é bem mais que isso. Sabe quando você vai viajar para a praia e só coloca na mala roupa de verão? Aí de repente começa a fazer aquele frio de rachar o dente e você se lembra de que em algum lugar da sua mala tem um moletom quentinho, o único capaz de te esquentar, então você começa a procurar por ele em todo canto, e não entende porque cargas d'água você não o guardou com mais carinho. Ele é o meu moletom, e ultimamente tem feito muito frio em mim.

Gabriela Freitas

*Tem tanta coisa acontecendo
tem tanta coisa mudando
eu mesma já não sou
mais a mesma.*

Queria que essa fosse a última carta que eu te escrevo, moreno, a última noite que eu não durmo, a última vez que sinto sua falta. Faz meses que eu morri de saudade e continuei vivendo em busca do que restou de nós. Faz meses que a dor não me abandona nem nos meus sonhos. Eu queria sentir raiva, ódio, vontade de te apagar de mim. Mas, mesmo nos piores momentos, eu só consigo me lembrar da gente disputando espaço na cozinha enquanto arriscava mais uma receita da internet.

A nossa história tinha tudo pra ser um best-seller, desses que esgotam em horas e que viram sucesso de bilheteria no cinema. Podíamos ter ganhado o Oscar dos amores menos óbvios e mais perfeitos, mas você não quis viver o nosso *felizes para sempre*. Você não quis seguir o script, resolveu encerrar o texto todo antes da hora, e transformou a nossa história em um clichê fraco e sem graça que não vende porque não faz o coração suspirar. É triste. Nós acabamos assim, sem chance de uma segunda versão, sem virar filme e sem final feliz.

Sinto falta de tudo o que a gente deixou de escrever quando você enfiou esse ponto final no meio de nós.

@falabibiela

Gabriela Freitas

Sinto falta dos filhos que não vamos ter, do cachorro que a gente não chegou a adotar, da casa própria, bem maior que essa, com roseiras na frente, dos seus abraços nos dias ruins, do gosto que a sua boca tinha. Sinto falta de todas as viagens que planejamos, das nossas madrugadas olhando a lua e bebendo até o céu rodar, dos seus braços enrolados na minha cintura.

Sinto falta das nossas promessas. De todas elas.

E de quando cê sussurrava que me amava achando que eu estava dormindo.

Eu te amava também, moreno. E continuei amando mesmo quando você deixou de me amar.

Anos atrás eu escrevi algo mais ou menos assim: "quando os personagens não combinam, nenhuma palavra salva o livro". Acho que eu já sabia que não dava pra salvar a gente.

Gabriela Freitas

> **Talvez o fim seja mesmo algo inevitável**
>
> @falabibiela

Gabriela Freitas

Eu ando meio perdida
entre o fim
e o recomeço.

*Acordei com ressaca
não sei se de ontem
ou de nós.*

Gabriela Freitas

Se eu for embora
desistirei da gente
como você desistiu de mim
ou
me salvarei
dos fantasmas daquilo
que a gente nunca mais
vai ser capaz de ser?

*Como é estranha a ideia
de querer continuar
mas ainda assim
querer te esperar
aqui.*

@falabibiela

Gabriela Freitas

E toda vez que eu acho que estou te esquecendo,
que não sinto mais sua falta,
que talvez,
só talvez,
eu possa sim seguir em frente,
recomeçar,
reaprender a amar...
você volta como um soco bem na boca do estômago,
me fazendo vomitar
toda a saudade que eu
ainda sinto
de nós.

~~nosso último encontro.~~

E então eu te vi ali, do outro lado da rua, naquele bar de sempre com os nossos amigos. Fazia tanto tempo que eu não te via... Mas você ainda estava exatamente igual. Mesmo corte de cabelo, camiseta larga, calça jeans meio desbotada, a barba mal feita, o cigarro no canto da boca. Por alguns segundos, tudo o que eu quis foi correr até você e te pedir pra me abraçar com força, com toda a força do mundo, pra que eu fosse capaz de entrar em cada molécula do seu corpo e te fazer lembrar como era bom me ter ali. Só que eu não fiz. Fiquei parada até que seus olhos encontraram os meus.

Nenhum de nós sabia muito bem o que fazer, mas eu caminhei até você com calma pra poder observar cada traço desse rosto do qual eu senti tanta falta, pra poder engolir aquela imagem que eu nem sabia se ainda veria de novo. Ou quando. Nossos amigos observavam como espectadores. Todos ali já tinham me visto chorar por você, será que em algum momento você também chorou por mim? Também ligou de madrugada pra alguma daquelas pessoas porque a falta que eu fazia estava insuportável? Eu não sabia, mas não importava. Nada importava. Eu torci tanto por esse encontro. Torci tanto pra esbarrar com você em algum bar dessa cidade cheia de bares. E agora você estava ali, a centímetros de mim, com o mesmo cheiro, com o mesmo jeito de olhar, com a mesma cerveja na mão.

Oi.

Oi.

Meus braços se contorciam e eu precisei me segurar muito pra não te tocar. Eu só queria sentir sua pele quente e lembrar como é que era ter seu toque em mim, mas não me atrevi a quebrar a distância que existia em nós. Esperei você dizer algo enquanto nossos olhos se engoliam. Dois desconhecidos que se amaram por tanto e tanto tempo. É isso que acontece depois do fim? A intimidade morre? As lembranças acabam? Não tinha ninguém no mundo que me conhecia tanto quanto você e não tinha ninguém no mundo que te conhecia tanto quanto eu. As manias, os medos, os segredos, as loucuras, as fantasias, os sonhos. E agora – olha pra nós! –, dois estranhos se encarando como se não soubessem tudo de mais lindo e de mais sujo que vive dentro do outro.

Tudo bem? Você quis saber.

E eu quis te falar que não.

Quis falar que... Esses olhos, ah, meu Deus, esses olhos! Como eu desejei que me encarassem mais uma vez, que invadissem cada entranha do meu ser e despertassem os meus instintos mais profundos. Eu quis te perguntar se você sabia que era meu mundo quando foi embora e dizer que eu ainda não me adaptei a viver nesse aqui. Que eu queria chorar no seu colo como eu fazia quando tinha qualquer outro problema, mas que dessa vez a culpa era sua. Quis falar que eu ainda não consegui colocar um ponto final em nós, que tem muito de você que ainda vive em mim e que às vezes é insuportável não te ter. Que eu te amava. Que eu te amei. E que eu não sei o que fazer com esse amor agora. O que você fez com o seu? Mas eu não disse. Eu não disse nada. Nada do que eu ensaiei pra quando esbarasse com você, nada do que planejei e que você merecia ouvir, nada do que estava engasgado no meu peito só esperando que eu cuspisse pra fora. Nada.

Tudo e você?

Também, veio para o aniversário?

Sim, mas só passei pra dar um oi.

Claro! Eu vou ficar pouco também.

Tem compromisso?

Mais ou menos.

Entendi.

Então tá bom...

E tinha tanto entre a gente pra falar. Tinha tanta coisa que eu queria te contar. Tinha tanta coisa que eu queria saber. Tinha tanta coisa que eu podia te responder antes de ir embora, mas só consegui dizer:

Bom não! Isso nunca mais vai estar.

Eu queria voltar no tempo pra poder te abraçar naquela esquina até caber de novo dentro de você.

Gabriela Freitas

Foi estranho
beijar teu rosto
depois de conhecer
tão bem
o gosto da sua
boca.

Gabriela Freitas

Que ironia da vida
essa brincadeira
de dois amores
mesmo depois
de se conhecerem
tanto
se transformarem
em meros
conhecidos.

Gabriela Freitas

E cê vai negar que quando me viu
também sentiu cada pedaço
do corpo bagunçar
como se um furacão
estivesse passando
exatamente
naquele
instante?

[a gente sempre fez o estilo desastres naturais]

Eu nunca vou ser capaz de explicar
o caos que você cria em mim
cada vez que eu te deixo entrar.

Gabriela Freitas

> **Amores que se destroem não são românticos**
>
> @falabibiela

Gabriela Freitas

Eu não consigo
te expulsar de mim
e me pergunto se
em algum momento
você quis realmente sair
ou só não foi capaz
de ficar.

Gabriela Freitas

> *Eu olho pra eles, mesmo tão lindos,*
> *e só consigo me perguntar*
> *onde é que você está?*

Eu quase acreditei que tinha te esquecido. É que ontem, pela primeira vez, eu saí e voltei depois da meia-noite sem me preocupar se isso chegaria até você. Sem te procurar em outros caras. Sem tentar ouvir as nossas músicas. Sem torcer pra algum amigo em comum ter te convidado também. Eu quase acreditei que tinha te esquecido porque não perguntei pra ninguém como é que você estava. Eu quase acreditei que tinha te esquecido porque, depois de muito tempo, eu estava realmente feliz.

E se não fosse aquela foto que você postou dando aquele sorriso distraído pelo qual eu sempre fui apaixonada, talvez eu tivesse te esquecido. Se não fosse por essa vontade de te mandar uma mensagem dizendo que a noite foi ótima (e ela foi mesmo!), mas que faltou você, talvez eu tivesse te esquecido. Se não fosse pela falta da sua voz falando para eu ir pro quarto, porque vou acabar pegando no sono deitada no sofá, talvez eu tivesse te esquecido. Se não fosse por esse filme que está passando agora na televisão e cujo ator principal lembra você, talvez eu tivesse te esquecido. Se não fosse por essa vontade de comer a nossa pizza com o nosso vinho, talvez eu tivesse te esquecido.

Gabriela Freitas

Talvez eu tivesse te esquecido se não fosse o universo o tempo todo me lembrando de como era bom quando você estava aqui. Se não fosse o meu medo de esbarrar com você por aí e ver outro alguém no meu lugar. Eu ouvi tanta coisa nos últimos dias, moreno. E talvez seja tudo verdade. Talvez eu tivesse te esquecido se eu tivesse rasgado as nossas fotos e jogado fora as cartas que escrevemos. Talvez eu tivesse te esquecido se eu não usasse mais essa sua camiseta de pijama. Talvez eu tivesse te esquecido se eu parasse de olhar as suas redes sociais em busca de algo que eu sei que não virá. Talvez eu tivesse te esquecido se eu tivesse coragem de colocar pra fora toda a bagagem com o nosso passado que eu ainda carrego sozinha nos ombros.

Mas eu não tenho, porque te esquecer é decretar que acabou. E isso eu não aceito.

*Nenhum toque
é capaz de me causar
o que o seu
causava.*

Gabriela Freitas

> **Talvez eu nunca consiga conhecer alguém sem deixar de esperar que seja você**
>
> @falabibiela

Gabriela Freitas

> *Eu ainda te procuro*
> *em toda boca*
> *que beijo*
> *em todo cheiro*
> *que sinto*
> *em todo amor*
> *que eu desconheço.*

Não vou mentir pra você, é verdade que eu tentei me enganar com outras pessoas. Os últimos meses estão sendo pesados demais e eu venho lutando com as armas que tenho. Tentei fingir que acreditava nessa história de que um amor cura outro amor, mesmo que esse amor não seja como o nosso, grande, intenso, incomparável. E é claro que não deu certo.

Cada homem que pisou aqui depois de você mal ficou para o café. É que parecia que todos eles estavam invadindo um espaço que já te pertencia, que sempre te pertenceu. Como é que eu posso rir de novas piadas, fazer novos planos, ouvir novas histórias, criar segredos, inventar receitas, beber vinho, dançar com outro alguém no mesmo lugar em que nós fizemos tudo isso? Como é que eu poderia aceitar que mais alguém despisse minha alma onde só você foi capaz de vê-la nua?

Parecia traição. Assim como foi quando você partiu. Mas eu não sou você e não consigo ignorar todas as histórias que essas paredes contam. Nem que os únicos personagens possíveis pra elas somos nós. Mas não foi só isso. Não foi só a casa, o seu espaço (que você abandonou) ou as nossas lembranças. Não foi só o meu medo de que alguém invadisse o nosso lugar e de repente ele não fosse mais tão só nosso assim.

Foi todo o conjunto.

Eu buscava a sua língua em cada uma dessas bocas. O seu gosto de cigarro misturado com chiclete de menta. O jeito das suas mãos se movimentarem entre a minha cintura e o meu pescoço. Os seus centímetros a mais que os meus. A textura do seu cabelo para eu mergulhar os meus dedos. O jeito como você parava de repente pra me olhar nos olhos e depois sorria, voltando pra mim. Não era só a casa que continuava sendo sua.

E isso também doía.

Sabe, moreno, é verdade que você não é mais o último cara que me habitou. Mas foi o último que eu quis que morasse em mim.

Gabriela Freitas

Nosso amor sempre foi
tempestade
pena que só eu
me inundei.

*Será que no fundo
a gente nunca coube
de verdade
um no outro?*

Se amor fosse escolha
provavelmente
eu nem estaria mais
aqui.

Gabriela Freitas

Nada nunca mais
vai ser completamente igual
a como era antes
de nós.

Gabriela Freitas

Quando você partiu
os seus pedaços
também se partiram
ou cê nem sentiu?

Gabriela Freitas

Quantas vezes
você falou
sem querer
o meu nome
e sorriu?

Gabriela Freitas

Como pode
uma coisa tão
bonita acabar
assim?

@falabibiela

*Até hoje
você nunca me disse
adeus.*

Gabriela Freitas

Se eu tivesse aberto os olhos
enquanto você enfiava suas roupas
dentro daquela mala
e te pedisse pra parar
com toda aquela
loucura
você teria
ficado?

*No fundo, eu sei
que te deixei ir
será que isso também
significa alguma coisa?*

Oi.

É você? *Digo do outro lado da linha logo depois de atender. E eu sei que é.*

Tudo bem?

Tô. Quer dizer... Cê sabe. Mas tô, tô sim! E você?

Sei lá. Hoje tá tudo meio estranho.

Eu entendo.

Era pra ser o nosso dia.

Eu sei.

Onde a gente estaria comemorando?

Em casa, eu acho.

Também acho. A gente sempre acabava ficando aí.

Pois é.

Eu não devia ter te ligado.

Você bebeu, né?!

Um pouco, mas não foi isso.

E o que foi então?

Saudade. Às vezes me dá saudade.

E por que você não volta?

Porque eu não posso.

E por que você não pode?

Cê sabe muito bem.

Não, eu não sei! E, pra ser sincera, eu nunca soube.

Você acha que eu fui embora por quê?

Sei lá, porque o amor acabou, porque a rotina pesou, porque você conheceu outra pessoa.

Nunca foi falta de amor. Nunca foi nada disso.

Então o que foi? Pelo amor de Deus, me explica o que te fez pegar as suas coisas no meio da noite e ir embora como se mais nada importasse.

É que a gente pegava fogo, entende? A gente sempre pegava fogo! Não importava há quanto tempo estávamos juntos e o quanto a paixão abrandava, ou o quanto amadurecíamos. Continuávamos pegando fogo. E não dá pra viver pra sempre tentando controlar um incêndio.

Não precisava controlar.

É claro que precisava. Tudo em nós era demais, transbordava, não cabia.

Nunca achei que isso fosse algo ruim.

Não era, mas pesava. Pesava demais pra carregar a vida inteira.

Eu gostava dos nossos excessos.

Eu também gostava de muita coisa na gente.

Mas não aguentou continuar nessa história.

Eu sei, eu fui covarde. Eu sou. Abandonei o barco. Caí fora e nunca mais voltei. Quer dizer, tirando aquele dia.

O que doeu foi você não dizer nada. Quer dizer, tudo doeu. Mas isso me arrebentou.

É que... Se eu te dissesse, você me abraçaria, diria que era pra eu ficar tranquilo porque daríamos um jeito, me faria lembrar de que a nossa parte boa também era intensa, e eu não teria coragem de ir embora.

Desculpa não entender como alguém consegue dar a sorte de esbarar em uma história como a nossa e fugir.

Desculpa não ter a sua coragem.

Coragem? Que coragem?

De viver um amor assim, cheio de aumentativos e exageros como o nosso.

Gabriela Freitas

você partiu meu coração
e me deixou sozinha
pra recolher todos os meus
caquinhos
mas tudo bem,
eu sempre fui boa nessa
história de me reconstruir.

Gabriela Freitas

> **Você disse que ir embora foi a coisa mais difícil que você já fez em toda sua vida.**
>
> *- é que cê não faz ideia de como foi ficar*
>
> @falabibiela

Gabriela Freitas

Eu te esperei todo esse tempo
mesmo sabendo que você
não pretendia voltar
porque talvez eu não quisesse
admitir que eu também
queria ir.

Gabriela Freitas

Eu comecei a dançar sozinha
sem querer os seus braços
pra me atrapalhar

O nosso apartamento
parece maior
e eu gosto
disso

Seu cheiro não mora
mais em mim
e eu
gosto de poder
sentir o meu
sozinho.

Talvez eu também
tenha sentido
medo
da gente
Era tudo tão grande,
não é?!

O que mais doeu
foi admitir
que esse tempo
todo
eu sabia
que tinha sido
melhor assim.

Gabriela Freitas

> **Alguns amores simplesmente não são pra ser**
>
> @falabibiela

Gabriela Freitas

O nosso adeus
foi a poesia
mais bonita
que eu já
escrevi.

[ainda bem que você não me disse]

Gabriela Freitas

*Eu
desatei
você
de
mim.*

Gabriela Freitas

Que bom é
saber que
sempre tem
outro dia
e outro dia
e outro dia
e que em
um desses
tudo fica
bem
de novo.

Gabriela Freitas

> **Finalmente eu entendi: términos não são o fim do mundo**
> *- mesmo eu achando que você tinha sido o meu*
>
> @falabibiela

Gabriela Freitas

*É o amor-próprio que vai curar
o teu coração.*

Quando a nossa história acabou, eu tentei encontrar nos livros de autoajuda a resposta que me faria seguir em frente e te deixar para trás. Eu li diversos textos sobre como conseguir desapegar de alguém e juro que fiz tudo que estava escrito neles. Procurei em todos os lugares alguma forma de te esquecer, porque eu precisava desesperadamente me livrar daquela dor. Eu tentei encontrar outras pessoas, porque dizem por aí que "só se cura um amor com outro amor", mas acabava sempre com a sensação de que nada nunca seria tão bom quanto era com você.

Talvez se em algum desses lugares eu tivesse lido que eu tinha o direito de sofrer, meu luto tivesse durado menos. As pessoas precisam entender que não há nada de errado em chorar por algumas semanas quando uma história chega ao fim. Não é vergonha alguma decidir passar alguns finais de semana abraçada com a própria fossa. Pelo contrário! É necessário. Talvez se tivessem me falado que tudo bem no início optar por ficar em casa assistindo filmes tristes e comendo chocolate como se não houvesse amanhã, eu teria chorado menos no banheiro de algumas baladas. A dor não dura pra sempre, mas enquanto a gente luta pra não senti-la, ela continua viva em nós.

Eu sei que parece estranho, mas é necessário deixar doer. Talvez esse seja o grande segredo sobre como superar o fim de um amor. A ferida que ficou dentro de você precisa sangrar até estancar. E ela não estanca enquanto a gente continua jogando álcool na tentativa de cura-la. Hoje, o meu conselho para mim seria: encare de frente o processo. Deixe ele acontecer. Respeite cada fase. E confie que isso vai passar, mas antes você precisa vencer o luto. Então chore, grite, se revolte, e vá, aos poucos, tomando as rédeas da situação. Da sua vida. Dos seus sentimentos. Não busque no mundo o que você precisa encontrar dentro de si. Não use analgésicos pra tapar o buraco que ficou aí dentro.

E não se esqueça de que o único amor capaz de curar o fim de outro amor, é o próprio.

Ele é a resposta pra tudo.

Gabriela Freitas

Hoje esquentou
eu abri a janela
deixei o sol entrar
e me lembrei
de como é bom
ser quente
e entendi que
eu posso ser
o meu próprio
calor.

Comemorei sozinha
as minhas vitórias
e brindei comigo
o meu recomeço.

Gabriela Freitas

Faltava te contar que entendi
que a gente acabou
e que a culpa nem foi sua
e nem foi minha
foi de quem escreve a vida
por linhas tortas
mas certa.

Gabriela Freitas

Ontem, depois que eu voltei de uma festa superbadalada no litoral, tirei a maquiagem e me joguei na cama, eu me dei conta de que estou te esquecendo. E não sei te dizer se isso me deixou assustada ou feliz. Mas é que a noite foi tão boa e tinha tanta gente animada que eu nem pensei em você. E essa não é a primeira vez que isso acontece.

Na semana passada, eu fui a um bar com os nossos amigos e não toquei no seu nome. Não faz muito tempo, você era o meu assunto favorito. Eu não sei se alguém ali percebeu, mas, quando eu entrei no táxi, senti uma pontada de orgulho de mim. Eu tô vencendo você. Outro dia, enquanto eu voltava do trabalho, senti um cheiro estranhamente familiar quando passei em frente a uma cantina que abriu aqui perto, mas na hora eu não consegui lembrar do que era. Massa com molho branco e parmesão. Foi o primeiro prato que cozinhamos aqui e se tornou o prato oficial dos nossos dias especiais. Falando neles, eu não pensei na gente no nosso dia no último mês.

Eu te esqueci aqui nas gavetas, junto com as fotos antigas e as cartas que eu nunca mais peguei pra ler. Eu te esqueci quando troquei de celular e decidi não gravar seu número na agenda. Quem sabe daqui a pouco eu não o esqueço também? Eu te esqueci lá na nossa pizzaria, que fechou. Uma pena, porque eu amava a pizza de lá! Mas foi ótimo porque isso me fez conhecer outros lugares do bairro, e eles não guardam as mesmas lembranças de você. Eu te esqueci quando o nosso porteiro deixou de perguntar notícias suas. Pois é, ele te esqueceu também! Eu te esqueci quando troquei de filme favorito. E de músicas preferidas.

@falabibiela

Gabriela Freitas

Eu te esqueci em cada novo lugar que eu conheci sem você. Em cada novo sorriso que eu dei sem você. Em cada novo plano que eu fiz sem você. Eu te esqueci quando fui no show daquela banda que a gente amava e não chorei. Eu te esqueci quando fiquei sabendo que cê tava conhecendo alguém e não senti raiva, nem nenhuma parte do meu corpo revirar. Eu também estou conhecendo alguém, moreno. Eu estou conhecendo o eu que eu me tornei nesse tempo todo em que eu tenho sido só eu. E tô adorando saber cada vez mais um pouco de mim sem você.

Te garanto que chegar ao fim de nós foi muito mais difícil do que quando você terminou comigo.

Gabriela Freitas

Você teve coragem de fazer
o que eu sempre tive medo
de querer
– ir
e eu tive coragem de fazer
o que você sempre teve medo
de querer
– ficar.

Gabriela Freitas

Eu sempre quis um amor
tempestuoso
porque combina
com o meu jeito
de trovejar

talvez tenha sido
exatamente isso
o que te assustou
em mim

é que você sempre
foi mais de garoar.

[e talvez isso também tenha me assustado]

Gabriela Freitas

> Será que o amor
> pode mesmo ser
> essa coisa que nos
> destrói
> &
> reconstrói
> ao mesmo tempo?

@falabibiela

Gabriela Freitas

> Os finais são tão contraditórios
> que deles a gente
> recomeça.

Será que seria loucura
depois de tudo
eu te agradecer
por não ter
ficado?

@falabibiela

Tem algumas coisas que eu gostaria de poder te contar antes de ir. E não ache que eu estou fazendo isso pra que você se sinta ainda mais culpado pelo nosso fim, porque agora, depois de todos esses longos dias e noites – principalmente noites –, eu sei que nenhum de nós foi vilão nessa história. Só quero te falar pra você saber – e se lembrar, se por acaso der a sorte de esbarrar com outro amor feito o nosso ainda nessa vida.

Teve muita coisa que mudou em mim depois da sua partida. Eu cheguei a acreditar por um bom tempo que nada nunca mais me faria tão feliz de novo. Logo eu, que sempre tive mania de achar graça até quando a vida pesava, perdi um pouco desse otimismo. Tinha uma voz aqui dentro que berrava que os nossos fantasmas estariam pra sempre dançando nesse apartamento e esfregando na minha cara que aquela risada frouxa que eu dava enquanto a gente rodopiava pelo assoalho de madeira não fazia mais parte de mim. Eu achei que eu nunca mais seria completa de novo. É que, depois de você, nada em mim continuou sendo puramente meu, e naquela noite você levou tudo o que era seu dentro daquela mala marrom que trouxemos na mudança e que eu achei que nunca mais seria usada.

Eu achei que aquela dor que esmagava cada um dos meus músculos como se um caminhão tivesse me atropelado se tornaria crônica, feito o bico de papagaio que carrego na coluna. Pois é, moreno, eu achei mesmo que você doeria pra sempre em mim. É que nada nunca tinha me causado tanto estrago antes. Você trouxe pra minha vida um milhão de sonhos que nunca foram meus, mas que eu quis viver. Quis viver o dia do nosso casamento, mesmo a gente sabendo que, com o aluguel e as contas, mal sobrava grana; quis viver as nossas viagens por cada canto desse planeta, dos mais exóticos aos mais românticos, feito a gente; quis viver os nossos filhos. Um casal. Quis viver aquela vida que a gente contava mesmo sem conhecer, porque era com você. E aquelas coisas pareciam tão certas, tão reais que, quando você levou tudo de mim, eu me peguei sem saber o que viver. Não ter você ali não parecia certo.

Eu não conseguia encontrar um novo sentido pra minha vida. Então eu resolvi sobreviver. Dia após dia. Semana após semana. Mês após mês. E aí eu me dei conta de que a gente não morre por causa de amor. A gente quase morre, e então ressuscita. Eu fui até o fundo do poço. Até o limite. Até não restar mais nem um centímetro pra desabar. Quando eu cheguei lá, olhei ao redor e vi o quão sozinha eu estava; vi que não tinha mais ninguém pra me fazer companhia, pra dizer que tudo ia passar; vi que não tinha mais seus dedos pra me acalmar com um cafuné. Eu mesma precisei me abraçar. E foi me abraçando que eu entendi que sempre tive a mim. Você levou as minhas músicas favoritas, os livros que abarrotavam a estante, os seus moletons que eram os meus preferidos, os nossos planos, os nossos sonhos, mas não me levou. Eu fiquei. Eu estive aqui o tempo todo. E isso bastava para eu recomeçar.

Talvez eu nunca consiga entender sinceramente e verdadeiramente os seus motivos. Talvez eu nunca aceite definitivamente a sua escolha de ir. Talvez eu sempre me lembre da gente pensando em tudo o que a gente não foi. Mas não importa. Nada mais do que passou importa. Agora eu olho pra frente. Eu olho pra quem eu me tornei depois de tudo. Depois de você. Depois de nós. E eu olho com orgulho. Orgulho porque eu precisei matar um leão por dia, mas eu consegui. Orgulho porque aquela menina que falava do amor com fé ainda está aqui e ela acredita que final feliz pode sim acontecer. E que, apesar de o nosso ter sido meio triste, valeu a pena apostar na nossa história.

Talvez eu nunca entenda os seus motivos
ou talvez eu nunca queira realmente entendê-los
mas eu acho que você sabia o que estava fazendo
quando pegou as suas coisas do armário e foi embora
a gente já tinha acabado, não é mesmo?

Gabriela Freitas

A gente não pode impedir
a partida de alguém
e seria egoísmo se tentássemos fazê-lo.
é necessário aceitar quando o outro
escolhe ir embora
e entender que isso não apaga todas
as coisas bonitas que construíram até aqui.
e que a vida continua, mesmo que te doa
um pouco.

Gabriela Freitas

Tem histórias que não eram
pra ser
mas a gente sabe
que teriam sido
incríveis
se fossem.

Gabriela Freitas

Sonhei com você
de novo
mas dessa vez
eu não chorei
não gritei
e nem te pedi pra ficar
um pouco mais
eu só te abracei
você me abraçou
e nesse abraço
eu te deixei ir.

Gabriela Freitas

Tenho aprendido a ver o mundo
de um jeito diferente
é que por aqui
nada mais está igual
e isso é ótimo.

Um dia de cada vez
e eu já cheguei
tão longe

& então

eu me encontro
nos meus próprios
detalhes.

Gabriela Freitas

> Eu me convido pra comer
>pra beber
>pra amar
>eu me faço companhia
>e agradeço por ser
>quem sempre vai
>estar aqui.

Tem tanto pra descobrir
depois do fim
sobre o mundo
sobre mim
sobre ser o meu
mundo.

@falabibiela

Gabriela Freitas

> **Depois da dor a gente se reconstrói ainda mais forte, mais maduro e muito mais feliz**
>
> *@falabibiela*

Gabriela Freitas

Não dá pra sentir raiva
do que fazia a gente
acreditar que podia
alcançar o céu
sem sair do chão.
[e você me fez conseguir muitas vezes]

Gabriela Freitas

Pedi uma pizza
abri um vinho
deitei no tapete

& ri comigo mesma

ser feliz é
libertador.

Gabriela Freitas

Não comparo mais ninguém
ao que você era
ou ao que não foi
simplesmente deixo que sejam
o que elas são
e me divirto
com tantas pessoas
diferentes que existem
por aí.
[pequenas vitórias depois que o amor acaba]

Gabriela Freitas

> Eu não te esqueci do dia pra noite. Eu fui ressignificando a nossa história enquanto aprendia a lidar com o fim
>
> @falabibiela

Gabriela Freitas

Aquela pesquisa que dizia
que a gente só vive um amor
por toda a vida
estava mesmo errada
o grande amor da sua vida
pode ser a mesma pessoa
podem ser dez pessoas diferentes
pode não ser ninguém
ou pode ser você
mesmo.

Gabriela Freitas

Eu espero que você seja feliz
e que encontre alguém que
te faça brilhar com um caos
menor do que eu fazia
eu sei que por aí também
tem alguém tentando me
encontrar com o peito
transbordando a mesma
intensidade que eu nunca
soube disfarçar.

Gabriela Freitas

*A gente não era pra ser,
mas foi bom ter sido por um tempo.*

Eu ainda amo tudo o que você foi para mim. Amo as nossas histórias, as nossas brincadeiras e o jeito como conseguíamos nos entender só pelo olhar. Amo toda a intensidade que construiu a nossa relação. Amo os nossos exageros e a forma como tudo em nós gritava. Amo os desastres que a gente causava (um no outro e no resto do mundo).

Eu ainda amo o caminho que trilhamos e construímos juntos. Amo os momentos que nos trouxeram até aqui. Eu ainda amo o tanto que amadurecemos durante este tempo. O quanto nos ensinamos a ser melhores do que éramos antes. Eu ainda amo poder contar como mesmo sendo tão diferentes, nós deixamos o amor vencer.

Eu ainda amo os domingos que passamos abraçadinhos vendo filmes antigos na televisão. E a sua pipoca com manteiga e bacon que destruía a minha dieta. Eu ainda amo as noites em que dormimos de conchinha, principalmente aquelas em que estava muito calor, mas você não me soltou porque sabia que era o meu jeito favorito de pegar no sono.

Eu ainda amo tudo o que significamos um para o outro. Amo tudo o que significaremos daqui pra frente, por mais que nenhum de nós ainda ame a gente. E essa é a beleza do amor. Ele pode continuar, mesmo depois que acaba. É um amor diferente, que não queima mais, mas ainda me faz sorrir meio nostálgica quando lembro da gente.

Sei que daqui pra frente viveremos outras histórias. Juraremos eternidade para outras pessoas. Nos aqueceremos em outros corpos. E vamos voltar a sonhar acordados com outros futuros. Mas eu quero que você saiba que você sempre vai ser você. Eu sempre vou ser eu. E que isso é tudo o que importa pra ter valido a pena.

Gabriela Freitas

*Eu nunca havia reparado
mas há tanto
recomeço
no término
Tenho me feito
companhia
e não sei como
eu ainda não
tinha reparado
no quanto sou
incrível.*

Tenho descoberto que uma das lições mais difíceis que vida têm para nos ensinar é a de sabermos compreender o fim. O processo de ensinamento é doloroso. Mas ele é, também, um dos ensinamentos mais maravilhosos que recebemos do universo.

O amor acaba.
Alguns "para sempre" deixam de existir.
Pessoas eternas vão embora.
E no meio disso tudo, a nossa vida continua!

Nada do que acontece na nossa vida é realmente à toa. Tudo tem um motivo, mesmo que a gente não entenda na hora. Quando alguém resolve sair da gente, é pra vagar espaço pra algo melhor entrar.

E, às vezes, esse algo é você mesmo.

Às vezes a história da sua vida acaba numa manhã qualquer, no meio da semana, sem muita explicação. Quer dizer, tem o cansaço da rotina, os planos que mudaram, a vontade de estar junto que já não é mais a mesma. Tem um conjunto de várias coisinhas pequenas que pareciam inofensivas quando estavam separadas, mas que, juntas, pesam.

De repente o amor da sua vida já não é mais tão o amor da sua vida assim. Doido isso, né?! Mas é que lá fora tem tanta opção, sabe? O mundo é tão grande e a gente é tão novo que a eternidade parece não fazer mais tanto sentido assim... De repente, tudo aquilo que foi sonhado em conjunto não encaixa mais. Não dá liga! Parece que o bolo perdeu o ponto antes de ficar pronto e nem os filhos, nem as viagens, nem a casa na praia, nem nada mais faz brilharem os nossos olhos.

Talvez o mais difícil, no fim, não seja efetivamente o fim, porque ele é inevitável mesmo quando tentamos evitar. Talvez o mais difícil seja aceitar que acabou. Seja entender que agora é cada um por si e que tá tudo bem! Que tudo ainda continua bonito, especial e único. É que a gente tem essa mania besta de achar que, se o final não for ficar junto, ele não é feliz. E quem quer ver a história da própria vida acabar com um final triste?

Eu tentei ignorar tanto o nosso que mal me dei conta de que ele já tinha acontecido e de que o mundo não tinha acabado por causa disso. A gente acorda no dia seguinte ao fim com a boca seca, tentando preencher aqueles espaços vazios com coisas que ainda nos mantêm presos àquela história. É uma tentativa suicida de sobreviver ao término. Como se manter a história viva, mesmo que com o uso de máquinas, ainda fizesse com que o amor estivesse ali. Mas não adianta!

Pegar as suas coisas e levar pra longe de casa foi só a consequência do que já tinha acontecido: nossa história já não existia mais. Nosso amor já não era mais tão forte e tão intenso e tão indestrutível. Nós dois não éramos tão perfeitos um para o outro. O fim vem em doses pequenas, não do dia para a noite. Ele vai acontecendo e, às vezes, a gente não percebe. Às vezes a gente nem quer perceber. Acho que eu não quis, mas você não conseguiu continuar ignorando. E eu te agradeço por isso.

Você foi a minha história mais bonita até hoje, mas agora eu já estou pronta pra começar a escrever as próximas.

Gabriela Freitas

> **Eu prometi pra mim que mesmo depois do nosso fim eu não vou me privar do amor**
>
> @falabibiela

Gabriela Freitas

Obrigada por ter feito parte de mim
e obrigada por ter deixado de fazer

adeus

Obrigada pela compreensão
e desculpe pelo transtorno
Estou em constante manutenção
Para melhor me atender.

Este livro foi composto em Tenez sobre Cartão Supremo 250g/m², para capa; e Baskerville[libre] e Tenez sobre Pólen Soft 80g/m², para o miolo. Foi impresso em Belo Horizonte no mês de setembro de 2024 para o selo Crivo.